關於中國領土的國際法問題論集（修訂本）

丘宏達 著

臺灣商務印書館發行

修訂版序

本書出版已達十年，在此期間對中國的領土問題又出現了一些新資料，所以將增訂修改出版。在收集資料方面，聯合報國際新聞中心的孫揚明先生協助甚多，整理文稿方面馬里蘭大學法律學院的杜芝友女士給以有效的協助，特在此致謝。

丘宏達
美國馬里蘭大學法律學院
東亞法律研究計劃辦公室

目錄

壹、臺灣澎湖法律地位問題的研究

一九七一年四月廿八日美國國務院發言人布瑞對所謂臺灣地位問題發表聲明稱：「我們認爲此事未獲解決，因爲在開羅與波茨坦的宣言中，同盟國表明意向稱，臺灣與澎湖將爲中國的一部份，此種盟國暫時意向的聲明，從未正式實行。」又說：「此項意向之聲明與日本簽訂和約時曾有加以執行的機會，但是和約中再度未討論到此點…美國認爲中華民國在對臺灣與澎湖行使合法權力，是由於日本佔領臺灣的軍隊係奉命向中華民國投降之事實（註一）。」這個聲明發表後，引起我國朝野的普遍關切，現在僅從國際法觀點來分析這個問題，並對美國此種主張的來龍去脈略加說明，以供關心國事的讀者參考。

一、問題的由來

自中古以來中國人卽開始移居臺灣，在南宋時，中國就曾將澎湖劃入福建省泉州府晉江縣管轄，到了十七世紀荷蘭人東來將臺灣占去，後來明朝大將軍鄭成功在一六六二年打敗荷人，荷人在該年二月一日正式簽署降書，將臺灣交給鄭氏（註二），從此臺灣正式劃入中國版圖，算起來臺灣歸併中國之時比美國建國還早一百十四年。一六八三年鄭氏抵抗清朝恢復明朝的活動終止，臺灣歸併清朝，改爲福建省的一府，到了一八八五年又改爲行省（註三）。但不幸十年後日本軍閥發動第一次侵華戰爭，清朝戰敗，被迫簽訂「馬關和約」，將臺灣割讓給日本（註四）。

一九四三年十一月，中美英三國領袖在開羅開會討論對日戰略及戰後善後問題，經多日討論後在十二月一日發佈「開羅宣言」，聲明日本所奪自中國的領土，例如滿州、臺灣及澎湖列島，自應歸還中國（註五）。一九四五年七月廿六日，中美英三國發佈「波茨坦公告」，提出日本在投降前應行接受的條件，其中一項爲「開羅宣言之條件必須實施」（註六）。此項「公告」旋經蘇聯政府聯署。同年九月二日，日本簽署「降伏文書」，接受「波茨坦公告」（註七）。盟軍統帥進駐日本後，立卽發佈訓令第一號，命令駐臺的日本侵略軍向中國投降（註八）。同年十月廿五日中國政府正式接受臺灣日軍的投降（註九），旋卽宣告臺灣恢復其爲中國一省的地位。一九四六年一月十二日，中國政府明令恢復臺澎居民的中國國籍，從此被迫脫離了祖國五十年之久的臺灣，終於又回到了祖國的懷抱。

一九四九年十二月八日，中華民國政府因大陸被中共侵佔，將政府暫時遷設臺北。自中國光復臺灣到一九五〇年六月止，並沒有什麼「臺灣問題」，有的只是中華民國與中共之間的內戰問題。因此，美國國務卿艾契遜在一九五〇年一月五日的記者招待會中說：「中國已經治理臺灣四年。不論美國或其他盟國對於該項權力和佔領，均未發生疑問。當臺灣變成中國的一省時，無人對它提出法律家的疑問。（註一〇）」他並說美國將不採取任何足以捲入中國內戰的行動，也不給予在臺灣的中國軍隊任何軍事援助。

一九五〇年六月廿五日韓戰爆發，同月廿七日美國總統杜魯門發表聲明稱：「本人已命令美國第七艦隊防止對臺灣之任何攻擊，同時本人並已請求臺灣之中國政府停止對大陸一切海空軍活動……至於臺灣之未來地位，應俟太平洋區域之安全恢復後與日本成立和約時，再予討論，或由聯合國予以考慮。（註一一）」此一聲明由美駐華使館轉交中國政府。中國政府於六月廿八日在原則上予以接受，但同日中國外交部長葉公超發表下列聲明：「臺灣係中國領土之一部份，乃為各國所公認，美國政府在其備忘錄中，向中國政府所作之……建議，並不影響中國政府對臺灣之主權或開羅會議關於臺灣未來地位之決定。（註一二）」美國以後所謂臺灣地位未定的說法就源於此。

二、對日和約及中美共同防禦條約與臺灣地位問題

自一九三一年九月十八日日本發動第二次侵華戰爭以來，中國曾單獨抵抗日本達十年之久，到了一九四一年十二月八日英美才加入對日作戰，因此在二次大戰中，中國在遠東戰場受到的損失最大，對盟國的貢獻也最大，總計在十四年的抗戰中，中國共斃傷日本侵略軍二百餘萬人。基於這種事實，中國之參加對日和約的締結，是理所當然的事，不料美國於一九五一年在舊金山召開對日和約會議時，却藉口其他參加對日作戰的國家對於應邀請中華民國或中共參加和約締結一事，無一致意見，因此拒絕邀請中國參加。美國這種作法不但違反國際道義，而且違反一九四二年一月一日美國所簽字的「聯合國家共同宣言」之不得單獨媾和的規定（註一三）。

雖然有中國的反對，美國却不顧一切，於一九五一年九月八日在舊金山締結對日和約，和約第二條乙

項規定：「日本放棄對臺灣及澎湖列島的一切權利，權利根據與要求。（註一四）」這個條款並未明文規定臺澎歸還中國，因而美國從此就根據這種違反「開羅宣言」等國際協議的規定，聲稱「臺灣法律地位未定」，作爲其製造各種不同策略的「兩個中國」的「基礎」。金山對日和約簽定後，日本於一九五二年四月廿八日與中華民國締結雙邊和約，因日本堅持以金山和約爲藍本，而當時中華民國政府退守臺澎，國際局勢不利，只有對日讓步，所以中日和約中只在第二條規定：「茲承認依照公曆一千九百五十一年九月八日在美利堅合衆國金山市簽訂之對日和平條約第二條，日本國業已放棄對於臺灣及澎湖群島……之一切權利、權利名義與要求。（註一五）」和約中又未明文規定臺澎歸還中國。

一九五四年十二月二日中美簽定共同防禦條約，其中第六條規定：「爲適用於第二條及第五條之目的，所有「領土」等辭，就中華民國而言，應指臺灣與澎湖……（註一六）」依照條文用語的文義解釋，可以解釋爲美方承認中國對臺澎的主權，但美國國務卿杜勒斯於同年十二月十三日的記者招待會中，却作下列聲明：「在技術上臺灣與澎湖的主權歸屬還未解決。因爲日本和約中僅僅包含日本對這些島嶼權利與權利名義的放棄，但是將來的權利名義並未被日本和約決定，在中華民國與日本締結的和約中也未對其決定，因此這些島嶼——臺灣澎湖——的法律地位與一向屬於中國領土的外島（指金門馬祖）之法律地位不同。（註一七）」在參院外交委員會審查中美條約的報告中也指出：「本條約的生效並不會改變或影響臺灣或澎湖的既存法律地位。」此外，遠東事務助理法律顧問摩勒於一九五八年十二月「關於臺灣及外島的法律問題」的一篇演說中，發表下列見解：「依據日本和約，日本放棄對臺灣的一切權利、權利名義與要求。但在那個條約及其他條約並未確定將臺灣割予中國。此種情勢仍待盟國達成對臺灣地位的條約或協定（

決定）。因此，中共政權任何奪取臺灣的行動均構成企圖用武力奪取不屬於它的領土。（註一八）」

以上就是美國國務院所稱開羅與波茨坦宣言沒有「正式執行」的根據，現在根據公認的國際法原則來分析美國的立論根據。

三、聯合國與臺灣問題

一九五〇年八月廿四日，中共僞外交部長周恩來致電聯合國安理會及秘書長，控訴美國「武裝侵略」臺灣並要求安理會「立卽採取措施，使美國政府自臺灣及其它屬於中國的領土完全撤出它的武裝侵略部隊。」同年九月廿九日安理會通過決議，邀請中共派遣代表出席安理會，討論所謂「武裝侵略臺灣案」。十月七日聯大將蘇聯所提的「美國侵略中國案」及美國所提的「臺灣問題」案，分別列入議程。十一月十七日周恩來又致電聯合國要求參加討論蘇聯提案。十一月聯大第一委員會通過決議，邀請中共代表參加討論上述蘇聯提案。

上述三案列入安理會及聯大議程時，中華民國代表堅表反對，認爲所謂美國「侵略臺灣」一事並無根據，因爲美海軍協防臺灣已經中國政府同意。至於美國所提之「臺灣問題」案，中國認爲「開羅宣言」及「波茨坦公告」已有規定，聯大無權討論。

中共於十月廿三日及十一月廿六日分別接受安理會及聯大第一委員會的邀請，派遣伍修權出席聯合國會議。在安理會討論美國「侵略臺灣」案時，伍修權於十一月廿八日提議，要求安理會譴責美國侵略臺灣並命美國自臺灣地區撤出其武裝力量，結果未被通過。在同日的會議中，伍修權並抗議聯大將「臺灣問題」列入議程，他認爲臺灣的地位問題，早經二次大戰期間的「開羅宣言」及「波茨坦公告」所決定，已經是中國領土不可分的一部份。

參加安理會會議後，伍修權於十二月中突然以美國拖延聯大第一委員會討論蘇聯所提「美國侵略中國案」爲藉口，未待聯大的討論結束，卽行歸國。行前，在十二月十六日擧行記者招待會，散發了他準備在聯大發表的演講稿。翌年二月七日聯大第一委員會通過英國建議，停止討論「臺灣問題」案，美國此一提案，在聯大中就此不了了之。（註一九）

一九五四至一九五五年間，中共調集大軍於東南沿海，企圖「解放」臺灣，國共二軍在金門隔海砲戰，一時遠東局勢頗爲緊張。因此紐西蘭於一九五五年一月廿八日向安理會提議，討論所謂「關於在中國大陸沿岸某些島嶼地區的敵對行動問題」。同月卅日蘇聯也向安理會提出所謂美國侵略「中華人民共和國」問題。同月卅一日安理會通過決議，邀請中共參加上述二案的討論。二月三日中共僞外交部長周恩來覆電安理會，拒絕邀請。覆電稱：「臺灣澎湖和其他沿海島嶼都是中國領土不可分割的一部份。中國人民行使自己的主權，解放自己的領土，完全是中國的內政，不可能威脅國際的和平和安全。」他認爲紐西蘭的提案，干涉中國內政。至於蘇聯的提案，他聲明也只有在安理會驅逐中華民國的代表後，中共才能出席參加討論。二月十四日安理會決議停止討論紐西蘭提案。（註二〇）

一九五五後，「臺灣問題」就不再出現在聯合國任何機構的議程裡。

四、從法律觀點論所謂臺灣地位問題

首先必須指出，在一九四一年十二月九日中國對日宣戰時，就宣告廢除了中日間一切條約，（註二一）因此馬關條約當然也在內，一九五二年四月廿八日簽訂的中日雙邊條約再度確定這個事實，該條約第四條規定：「茲承認中華民國與日本國間在中華民國三十年即公元一千九百四十一年十二月九日以前所締結的一切條約、專約及協定，均因戰爭結果而歸無效。」（註二二）所以在法律上日本統治臺灣的根據——馬關條約——在一九四一年十二月九日就失去了，臺灣自應恢復其在馬關條約前的地位，卽恢復爲中國領土。

其次，開羅與波茨坦宣言並非美國國務院輕描淡寫的所謂「盟國暫時意向的聲明」，而是二次大戰期間最重要的兩項文件，草擬二個文件的每個會議紀錄都達幾百頁，經過冗長與仔細的考慮與討論後，才達成協議，（註二三）這種文件怎麼能說沒有法律上的拘束力呢？這點只要看看西方著名國際法學家的意見就知道。例如，在西方國家最流行的國際法教本——勞特派特改編的奧本海國際法第一卷第八版中，關於宣言的效力有下列的說明：「官方聲明採取由國家或政府元首簽署的會議報告並包含所獲致的協議之形式時，依規定所包含的確定行爲規則之程度得被認爲對有關國家具有法律上的拘束力。」（註二四）上述開羅宣言與波茨坦公告均係有關國家元首或政府首長會議後產生的文件，關於臺澎問題，均明確規定應歸還中國，因此依上引奧本海所敍述的原則，關於臺澎的部份，對於有關國家當然具有法律上的拘束力。其次一九四五年九月二日簽訂的日本降伏文書中明文規定，日本接受波茨坦公告（公告中規定「開羅宣言的條件必須實施」）所開列的投降條件；而日本降伏文書係國際條約一點，是毫無疑問之事，美國且照其一般締結條約的慣例（一九五一年前，現例不同）將降伏文書，如同它所締結的其他條約，刋載於美國法規大全中，（註二五）因此卽使根據日本降伏文書，這兩項宣言也有法律上的拘力。最近美國國務院所出版的「美國條約與其他國際協定彙編」一書中，也將開羅宣言與波茨坦公告列入（註二六），可見這二個文件是具有法律上拘束力的文件。

此外常設國際法院在一九三三年四月十五日對東格林蘭島的判決中指出，一國外交部長對於外國公使在其職務範圍內的答覆，應拘束其本國。（註二七）一國外長的話就可在法律上拘束該國，難道說一國總統或首相正式簽署的宣言在法律上會沒有效力嗎？

第三、美國國務院聲明說上述兩項宣言「從未正式執行」也與事實不符，這點只要看看美國總統杜魯門於一九五〇年一月五日發表的聲明卽知，杜魯門說：「一九四三年十二月一日的開羅聯合聲明中，美國總統、英國首相及中國主席宣稱，他們的目的是要將日本竊自中國的領土，例如福爾摩沙（臺灣），歸還中國。美國政府於一九四五年七月廿六日簽署的波茨坦公告中，宣告開羅宣言的條件應予施行。這個宣言的條款於投降時爲日本接受。遵照上述宣言，福爾摩沙移交給蔣介石委員長，在過去四年內，美國與其他同盟國均接受中國在該島行使權力。（註二八）」

中國政府又在臺灣行使了許多主權的行爲，如改爲行省，更改臺灣居民國籍等，這難道還不是「正式執行」兩項宣言的行爲嗎？

另外我們再看看美國國務院自己的話，在一九五八年八月十一日，美國國務院發表一個「不承認中共政權備忘錄全文」，其中說：「中共雖已竊據中國的龐大領土，但並未完全征服其國家……獲得普遍承認的中國合法政府，現仍屹立於臺灣……」（註二九）如果臺灣不屬中國，那麼中華民國政府「屹立」於中國領土之外，怎麼還能被認爲中國的合法政府呢？可見國務院也至少默認臺灣屬於中國。

第四、美國國務院的聲明中似乎又認爲只有根據和約才能變更領土主權，這點與西方國際法的理論不合。例如，勞特派特修訂的奧本海國際法第二卷第七版中，對這個問題，有下列說明：「除非締約國另有規定，和約的效力是使締結和約時的情況繼續。如（和約）對被征服的領土未加規定，占有者繼續保有並得予以合併。（註三〇）」

上述原則卽國際法上所謂「保持占有主義」（註三一），目的在補充和約的不足，以現實狀態爲基礎，確定雙方的法律關係。在上引奧本海著作中，並舉出一九一二年土耳其割讓北非特里波利與色內易加二地予意大利之例說明：一九一二年土意戰爭後，上述二地之割讓並未在和約中明文規定，而由土耳其單方宣告放棄對二地之主權，再由義大利宣告合併該二地。國際法學家都認爲意大利合法取得該二地主權（註三二）。

如上述，可見和約的明文規定，並非戰勝國合法取得戰敗國領土的唯一方法：在若干情形下，戰勝國可以不經和約明文規定，依保持占有主義，合法取得戰敗國的領土。中國之取得臺灣主權與上述意土戰爭的狀況，頗爲相似，卽由日本放棄對該島主權，再由中國事實上合併該地，因而取得對該島的主權。

澳洲的國際法學家奧康耐爾（O'Connell）就指出，日本在和約中放棄臺灣後，該島在理論上就成無主土地，中國可依國際法上「先佔」的原則，取得主權（註三三）。另一位美國法學家摩利略（Morello）則認爲臺灣既自一九四五年以後就由中華民國和平而有效的佔領，並且日本也放棄了對該島的任何權利，所以中華民國可依國際法上「時效」的原則取得主權（註三四），其實，卽使不談法律，從常識觀點來看，美國承諾將臺灣歸還中國是美國總統在一九四三年正式在開羅宣言並公告全世界的。

我們再看原來佔有臺灣的日本對臺灣法律地位的看法，雖然中日和約中並未明文規定臺灣歸還中國，但日本至少有好幾個判例說明臺灣已歸併中國。例如，一九五九年十二月廿四日東京高等裁判廳對 Lai Chin Jung 賴進榮一案判決中說：「不管怎麼樣，至少當一九五二年八月五日中日和約生效時，臺灣與澎湖歸屬中華民國。（註三五）」一九六〇年六月七日大阪地方裁判廳在張富久惠 Chang Fukue 告張欽明 Chang Chin Min 一案中稱：「當一九五二年和約生效在法律上移轉主權時，中華民國就在臺灣建立了永久主權。（註三六）」其實，我們再就常理來判斷，當日本與中華民國訂立和約之時，中華民國政府實際控制的主要地區只有臺澎二地，如果日本不是將這二塊土地還給中華民國，那麼在和約中作這種規定，豈不是無的放矢嗎？

此外，和約中有些條款都是以臺灣屬於中華民國爲前提，例如，和約第十條規定：「就本約而言，中華民國國民應認爲包括依照中華民國在臺灣及澎湖所已施行或將來可能施行之法律規章而具有中國國籍之一切臺灣及澎湖居民……」（註三七）另外中日和約的換文中也說：「本約各條款，關於中華民國之一方，應適用於現在在中華民國政府控制下或將來在其控制下之全部領土。」（註三八）當時中華民國政府控制的地區主要只有臺澎二地，所以和約中指的中華民國領域當然是臺澎二地。

文件公佈在國務院公報 Department of State Bulletin, Vol. 9, no. 232 (December 4, 1943), p. 393.
Foreign Relations of the United States, Diplomatic Papers: The Conferences at Cairo and Tehran 1943

(Washington, D. C.: U.S. Government Printing Office, 1961), pp. 448-49.及 Charles I. Bevans, compiler, Treaties and other Agreements of the United States 1776-1949, Vol. 3, Multilateral 1931-1945, Washington, D. C. Government Dinting Office, 1969, p. 858.

五、結論

由上可知，所謂臺澎法律地位未定之說，不但在法律上站不住脚，更與歷史事實不符。

註

註一　見中央社華盛頓四月廿八日專電，載「中國時報」，民國六十年四月三十日，第一版。

註二　降書中文本見「臺灣省通志稿」，第九卷「革命志——驅荷篇」，臺北：臺灣省文獻委員會，民國四三年出版，頁二三三至二三四。英文譯文見 William Campbell, Formosa Under the Dutch, London: Kegan Paul, Trench, Trubner &#Co., 1903, pp. 455-456. 臺北有翻印本。The Consolidated Treaty Series, Vol. 227 (Appendix of Dutch Colonial Agreements, Vol. 1, 1648-1674 OCEANA PUBLICATIONS, INC. 1981, Dobbs Ferry, New York, pp.196-199（荷文），200-201（英文）; 江樹生並將1662鄭成功與荷蘭人的締和條約自荷文譯爲中文，全書十八頁（17×12英吋）。另可見漢聲四十五期「鄭成功和荷蘭人在臺灣的最後一戰及換文締和」中華民國八十一年九月出版，荷英文譯文見 Clive Parry, ed.ted and Annotuted。

註　三　關於臺灣的歷史，可參閱郭廷以，「臺灣史事概述」，臺北：正中書局，民國五三年三版。

註　四　見該約第二條，約文見「中外條約彙編」，臺北：文海出版社，民國五三年出版，頁一五一

註　五　見 Charled Charles I. Bevans, Treaties and Other International Agreements of the United States of America 1776-1949, Vol. 3, Multilateral, 1931-1945, Washington, D. C. : Government Printing Office, 1969, p.858.

註　六　同上，pp. 1204-1205.

註　七　同上，pp. 1251-1253.

註　八　見 Marjorie M. Whiteman, Digest of International Law, Vol. 3, Washington, D. C. : Government Printing Office, 1964, 487-488.

註　九　臺灣受降文件見「臺灣省通志稿」，第十卷「光復志」，臺北：臺灣省文獻委員會，民國四一年出版，頁三九—四一。

註一〇　American Foreign Policy, 1950-1955, Basic Documents, Vol II, Washington, D. C. : Government Printing Office, 1957, p. 2451.

註一一　同上，p. 2468.

註一二　見 China Handbook 1951, Taipei : China Publishing Co., 1951, p. 115

註一三　見 Bevans, supra, note 5, pp. 697-698.

註一四　見 United Nations Treaty Series, Vol. 136, p. 48.

註一五　外交部編，「中外條約輯編」，臺北：臺灣商務印書館，民國四七年出版，頁二四九。

註一六　同上，頁八二六。

註一七　見 Department of State Bulletin, Vol. 31. No. 807 (December 13, 1954), p. 896.

註一八　Ely Maurer, "Legal Problems Regarding Formosa and the Offshore Islands," Department of State Bulletin. Vol. 39, No. 1017 (December 22, 1958). pp. 1009-1010.

註一九　以上見 Yearbook of the United Nations 1950, New York: Columbia University Press, 1951, pp. 287-298.

註二〇　見 Yearbook of the United Nations 1955, New York: Columbia University Press, 1956, pp. 55-58.

註二一　見 Contemporary China, A Reference Digest, Vol. 1, No.15. (December 15, 1941), p, 1.

註二二　見「中外條約輯編」，頁二四九。

註二三　例如，見 Foreign Relations of the United States, Diplomatic Papers, The Conferences # at Cairo and Tehran, Washington, D., C. : Government Printing Office, 1961.

註二四　L. Oppenheim, International Law, Vol. 1, 8th ed. by H. Lauterpacht, London: Longmans, Green, 1955, p. 873.

註二五　United States Statutes At Large, Vol. 59, p. 1733 (1945).

註二六　見註五。

註二七　見Oppenheim, supra, note 24, p. 898

註二八　見American Foreign Policy, supra, note 10, pp. 2448-2449.

註二九　引自美國新聞處譯印小冊，頁四。全册收入丘宏達編，「現代國際法」，下册（參考文件），臺北：三民書局，民國六十一年出版，頁二〇九—二一六。

註三〇　Oppenheim, supra, note 24, Vol. II, 7th ed., 1952, p. 611.

註三一　此卽所謂Principle of Uti Possidetis（中國大陸譯爲「占有原則」，見勞特派特修訂，王鐵崖、陳體強譯，「奧本海國際法」，下卷第二分册，北京商務印書館，一九八一年出版，頁一一六）

註三二　見註三〇。

註三三　見D. P. O'Connell, "The Status of Formosa and the Chinese Recognition Problem," American Journal of International Law, Vol. 50 (1956). p. 415.

註三四　見Frank P. Morello, The International Legal Status of Formosa, The Hague: Martinus Nijhoff, 1966.

註三五　見Materials on Succession of States, New York: The United Nations, 1967, p. 70.

註三六　同上p. 71。

註三七　「中外條約輯編」，頁二五〇。

註三八　同上，頁二五四。

補充說明：

關於臺灣地位問題，請再參考拙著「現代國際法」（臺北：三民書局印行，民國八十四年出版）九章頁五二七至五三五 及拙編 Hungdah Chiu, editor, China and the Question of Taiwan; Documents and Analysis (New York: Praeger, 1973), Chapter IV, "China, the United States and the Question of Taiwan." 及 China and the Taiwan Issue, (New York: Praeger, 1979) pp. 161-167.

一九七二年二月廿七日美國總統尼克森訪問中共後發表的公報中說：「美國認識到，在臺灣海峽兩邊的所有中國人都認為只有一個中國，臺灣是中國的一部份。美國政府對這一立場不提出異議。」這個聲明是否表示美國已放棄臺灣地位未定的說法，不太清楚，美方學者之間仍有爭論，美國國務院也未澄清這個問題（註三九）。一九七二年九月廿九日日本與中共建交的聯合聲明中，日本表示「充分理解和尊重」中共所述的臺灣是中共「領土不可分割的一部份」，並表示日本「堅持遵循波茨坦公告第八條的立場。」（按公告第八條表示開羅宣言的條件必須實施。）據日本外務省人員非正式透露，上述聲明只表示臺灣應歸還中國，並未正式承認臺灣是中共「領土」。（註四〇）

註

註三九：見 "Comparative Approaches to Negotiations with the People's Republic of China,"

American Journal of International Law, Vol.66, No, 4 (Proceedings of the 66th Annual Meeting. April 27-29, 1972) (September 1972), pp. 108-121.

註四〇：見 "Tokyo Still Asserts Status of Taiwan Is Not Determined, " New York Times, November 6, 1972, p. 22.

（原載「東方雜誌」，復刊第四卷第十二期民國六十年六月出版。）

貳、琉球問題研究

一九六九年十一月美日二國擅自發表公報宣佈琉球群島將於一九七二年歸還日本，這個公報引起我國朝野及海外華人的普遍注意，本文的目的在對琉球問題的來龍去脈及我國的態度，從國際法及國際政治觀點，予以簡明分析與檢討。

一、清代中日關於琉球問題的交涉簡述

琉球王國在我國明朝初年受我國册封後，就與我國發生密切關係，在清代我國皇帝曾八次派使册封琉王，第一次在康熙年間（公元一六六三年），最後一次在同治年間（一八六六年）（註一）。不幸琉球因與侵略成性的日本為鄰，所以在公元一六〇九年被日本薩摩藩攻入，强迫為日本藩屬，並壓迫其與中國斷絕關係，為琉球所拒絕，但因事實上琉球無法抗拒日本侵略，所以只有同時向中日二國入貢（註二）。

日本明治維新後，向外擴充，琉球首當其衝，先是一八七一年有琉球人被颱風漂至臺灣被生番殺害，日本就藉口保護琉人向清政府交涉，當時清政府曾駁斥日本人有權保護琉人的主張如下：「藩民琉球人被

害之事，業已聞之，惟未聞有殺害貴國人之事，琉球臺灣二島俱爲我國領土，在同領土內之土人相害，其裁判自屬我國權限，且我國亦有救恤琉球人之法，不容貴國置喙……」（註三）

一八七四年，日本不顧我國反對竟派兵到臺灣「討伐生番」，大肆屠殺我國高山族同胞，後經各國調解，中日談判，結果由清政府付日本五十萬兩銀解決，雙方於一八七四年一〇月卅一日訂約於北京（註四）。條約中有「臺灣生番將日本國屬民等妄爲加害」及「日本國此次所辦原爲保民義舉起見」等語，無形中承認琉球爲日所有，日本有權保護琉球人。

一八七九年日本更進一步派兵强占琉球，改爲冲繩縣，限令琉王遷居東京。琉球二次派使向中國求救均無效，但當時琉球曾出示其致日本外相照會，否認琉球與日本有關，其中並述及中琉關係如下：

「敝國自洪武五年入貢，册封中山王，改琉求國號曰琉球，永樂年間賜國主尚姓，歷奉中朝正朔，遵中朝禮典，用中朝律例，至今無異。至於國中官守之職名，人員之進退，號令之出入，服制之法度，無非敝國主暨大臣主之，從無日本干預其間。且前經與佛（指法國）米（指美國）、蘭（指荷蘭）三國互立約言，敝國書中皆用天朝年月，並寫敝國官員名，事屬自主，各國所深知，敝國非日本附屬，豈待辯論而明哉？」（註五）

同年，美國卸任總統格朗特（Grant）參加調停，主張琉球中部仍歸琉王，北部歸日，南部歸華，日本只答應南島歸華，清廷不接受。後清廷又向日本主張琉球南部宮古、八重二島歸華，由中國再讓琉球，以存其王室宗祀，日又反對，此事雙方僵持不了了之，琉球從此亡國。（註六）

當時清廷對琉球問題一再讓步，主要原因是外患過多，不敢再因琉球問題與日本衝突。卽使當時清廷與日本簽約保全琉球南部，到一八九五年中日戰爭我國失敗簽訂馬關條約時，日本也會要求併吞，不過如果琉球南部在一八七九年時歸併我國，則在馬關議和時，我國多一個討價還價的餘地，在其他方面的損失可以減少一點。除此之外，如果日本占領琉球經我國條約的承認，則表示該地我國有密切關係，否則何須我國簽約承認，以後如中日二國發生戰爭我國宣告廢棄一切中日條約時，日本統治琉球的法律很據就大爲削弱。

或者有人以爲如果我國不簽約承認日本佔領琉球的事實，則表示我國認爲該地法律地位未定，以後還有發言餘地。這種看法當然也不無道理，但淸政府自一八七九年後對琉球問題就沒有再作任何主張，所以在國際法上，日本可認爲依據征服或時效原則，取得琉球地區的主權，我國不簽約又不作抗議或保留聲明，顯然不能影響該地主權。

二、二次大戰期間有關國際文件對琉球問題的規定

在第二次世界大戰期間，琉球問題曾提出於一九四三年十一月的開羅會議中討論。據美國官方公佈的記錄，該案係於十一月廿三日羅斯福（Roosevelt）總統與蔣中正主席餐會中討論，其經過如下：「總統〔指羅斯福〕……提及琉球群島問題並數次詢問中國是否要求該島。委員長〔指蔣主席〕答稱將同意與美國共同佔領琉球，並願將來在一個國際組織〔卽後來的聯合國〕的託管制度下，與美國共同管理〔該地〕。」（註七）

有人以爲我國應在此時要求收回琉球，但問題是琉球與臺灣不同，臺灣是我國本土的一省，琉球只是

屬國，我國歷史上除了册封琉王外，並未派官治理，琉球的內政完全自主。此時如要求收回，未免會使以前曾是我國屬國的國家疑懼，當作我國有帝國主義的野心，可能是基於這種考慮，所以我國當時沒有要求收回，只要求託管。依據後來制定的聯合國憲章，託管制度的目的在「增進」託管地人民「趨向自治或獨立之逐漸發展」（註八），戰後琉球如經託管，而當地人民又表示願意歸併我國，我國當然應該接受；但在當地人民還沒有表示其願望以前，如逕行決定應歸併我國未免有違我國一向遵循的王道立國與和平睦鄰政策。所以，上述決定從我國立場來看，似乎並無錯誤。

我國在開羅會議中對琉球問題的合理主張，不幸並未列入同年十二月一日發佈的開羅宣言中，是一大失策，究竟爲什麼沒有列入，官文已公佈的記錄及私人著述，均未敍及，筆者也無從揣測。現將開羅宣言中有關領土部份抄錄於下：

「我三大盟國〔指中、美、英三國〕此次進行戰爭之目的，在於制止及懲罰日本之侵略，三國決不爲自己圖利，亦無拓展領土之意思，三國之宗旨在剝奪日本自從一九一四年第一次世界大戰開始後在太平洋所奪得或佔領之一切島嶼，在使日本竊取於中國之領土，例如東北四省，臺灣澎湖群島等歸還中華民國；其他日本以武力或貪慾所攫取之土地，亦務將日本驅逐出境；我三大盟國稔知朝鮮人民所受之奴役待遇，決定在相當期間，使朝鮮自由獨立。」（註九）（著重點是筆者加的）

這個宣言對琉球毫未涉及，尤其不利的是說明只剝奪日本一九一四以來的竊占領土，而琉球是日本在一八七九年竊去。宣言中保障朝鮮獨立而不及琉球，厚此薄彼，實在對最早受日本奴役的琉球人民，無從交待。（註一〇）

一九四四年一月十二日盟國間的太平洋戰爭會議（Pacific War Council）在白宮舉行會議，我國由駐美大使魏道明參加，會中提及琉球問題時，羅斯福總統表示已徵求史太林（Stalin）的意見，「史太林熟悉琉球歷史，他完全同意琉球屬於中國並應歸還它。」（註一一）

一九四五年七月廿六日中英美三國發佈波茨坦公告，其中規定，「開羅宣言之條件，必將實施，而日本之主權必將限於本州、北海道、九州、四國，及吾人所決定其他小島之內」。（註一二）（著重點是筆者加的）依照公告規定，琉球的歸屬應由盟國共同決定，波茨坦公告後來法國及蘇聯均加入（註一三）。

一九四五年九月二日，日本簽署降伏文書，正式接受波茨坦公告（註一四）。

一九四五年美國太平洋艦隊司令尼米茲（Nimitz）頒佈美駐琉軍政府第一號佈告，其中第二條規定停止日本帝國政府在琉球群島行使一切權利。（註一五）從此琉球群島事實上在美國統治下，美國政府並未要求我國共同占領；根據已公佈的資料研究，我國政府似乎也沒有要求依據開羅會議記錄，由我國參加占領。

三、對日和約關於琉球的規定及我國立場

如上所述，雖然開羅會議時曾有琉球由中美共同占領及托管的記錄，但並未施行，而我國朝野對琉球問題似乎也沒有一定的政策。在抗戰期間，蔣中正主席所著的「中國之命運」一書中，曾指出琉球對中國國防上的重要性如下：

「以國防的需要而論，上述的完整山河系統，如有一個區域受異族的佔據，則全民族，全國家，卽失其天然的屏障。河、淮、江、漢之間，無一處可以作鞏固的邊防，所以琉球、臺灣、澎湖……無一處不是保衞民族生存的要塞。這些地方的割裂，卽爲中國國防的撤除。」（註一六）

此外，一九四七年十月十八日行政院張群院長出席國民參政會駐會委員會第七次會議時，曾說：「琉球群島與我國關係特殊，應該歸還我國。」（註一七）民間著述方面，如傅角今、鄭勵儉著的「琉球地理誌略」，也主張支持琉人歸併中國的運動。（註一八）

儘管有上述要求歸還琉球的主張，但當美國在一九五〇年及一九五一年進行對日和約工作時，我國政府並未作此主張，也未要求參加託管。一九五〇年一〇月二〇日美國國務院顧問杜勒斯（Dulles）提交我國駐美顧維鈞大使對日和約七項原則節略一件，其中關於琉球地位規定如下：「⑶領土——日本應：⑵同意將琉球及小笠原群島交由聯合國託管，以美國爲治理國。」（註一九）一九五一年一月廿二日我國顧大使提交杜勒斯節略一件，其中表示「中國政府對於將琉球及小笠原群島置於聯合國託管制度之下，而以美國爲管理當局一節，在原則上可予同意。」（註二〇）

一九五一年三月廿八日美方杜勒斯再提交我國顧大使對日和約初稿，其中第四條對琉球地位規定如下：「美國得向聯合國建議，將……琉球群島……置於託管制度之下，並以美國爲其管理當局。日本對於任何此項建議將予同意。在提出此項建議並就此項建議，採取確定性之行動以前，美國有權對此等島嶼之領土暨其居民，包括此等島嶼之領水，行使一切行政、立法及管轄之權力。」（註二一）值得注意的是美國約稿更改原提七項原則中將琉球置於託管制度之規定，而改由美國自行決定是否要交託管，如此安排事實上可能排除我國對琉球問題之一切發言權（如未交託管），因爲如果琉球交付託管，我國爲託管理事會當然理事國（註二二），就有權發言，如果不交託管而我國在和約中又無其他對琉球的權利，則除根據波茨坦公告外當然對琉球無從置喙。

對上述美方約稿，我國於一九五一年五月廿三日由駐美譚紹華公使交付美方節略一件，其中對上述第四條之規定，表示「完全予以贊同」。（註二三）一九五一年七月六日杜勒斯又交我國對日和約約稿一件，其中琉球地位規定於第三條，內容除進一步規定美國爲「唯一管理當局」外，與上述三月二八日美方約稿完全相同。（註二四）根據筆者查閱官方記錄，我國對此有關琉球的規定，似未表示異議。

美方約稿擬定後，於一九五一年九月在舊金山（San Francisco），召開和會，我國因種種原因，未被邀請參加。（註二五）在和會中，蘇聯代表主張「重新確定日本對琉球及小笠原群島之主權」（註二六），未被和會採納。日本代表吉田茂則表示，「日本希望琉球及小笠原群島，能於不遠之將來，當世界之安全尤其亞洲之安全重行建立時，交還日本。」（註二七）美國代表杜勒斯則就約稿第三條的規定，解釋如下：「條約第三條規定琉球及日本南方及東南各島，此等島嶼自投降後即在美國單獨管理下。有些盟國主張條約應規定日本放棄對此等島嶼的主權給美國，其他則建議此等島嶼應完全歸還日本。由於盟國間意見的不同，美國覺得最好的解決方式是准許日本保留剩餘主權（residual sovereignty），同時使這些島嶼可能帶入聯合國託管制度下，而以美國爲管理當局」（註二八）（著重點是筆者加的）。

對日和約對琉球問題規定於第三條如下：「日本對於美國向聯合國所作任何將北緯廿九度以南之南西群島（包括琉球群島……）：置於託管制度之下，而以美國爲其唯一管理當局之建議，將予同意。在提出此項建議並就此項建議採取確定性之行動以前，美國有權對此等島嶼之領土暨其居民，包括此等島嶼之領水，行使一切行政、立法，及管轄之權力」（註二九）。

由以上敍述可知對日和約自起草到定案，完全排除我國對琉球問題的發言權，而我國政府也沒有提出異議，似爲失策。有人或會以爲當對日和約起草之時，我國已退守臺灣國際地位大不如前，所以應該順從美國意見，不得多表示意見。這完全是不了解國際政治的看法，我國對琉球問題除歷史淵源外，其權利載於開羅會議記錄，如要放棄這種權利，也應取得對價，毫無對價，逕行放棄，實爲不智之舉。

和會中美國提出日本有剩餘主權之說，無異已爲日後歸還日本鋪路，此外和約中所規定的託管，實際上只是美國一時的遮眼法，暫時緩和反對琉球歸日國家（如菲律賓）的情緒，美日之間並有了解，託管問題和約簽訂後將擱置不談。日本更了解託管的目的，在領導託管地趨向自治或獨立，一旦施行，日本恐就無法再「收回」琉球（註三〇）。

對日和約我國未被邀參加，所以中日之間另訂雙邊和約，自一九五二年二月起中日雙方開始在臺北談判，我國提出的約稿中，未列琉球問題（註三一），日方代表於同年三月五日之會議中，曾詢問：「貴方約稿，未將金山和約第三條關於琉球等地之條文列入，願聞其說。」我方代表胡慶育答稱：「我方對此問題之立場一如前所提及者，卽該地區爲美國與日本國間之問題，中國政府不擬表示意見。」（註三二）所以和約中（註三三）未提琉球地位，我國也未發表任何單方聲明，澄清對琉球地位態度。

總之，自抗戰勝利到一九五二年中日和約簽訂爲止，我國政府執行的政策似乎是對琉球問題完全由美日二國去搞，與我國無關。

四、我國立場的改變與美日雙方關於琉球的交涉

金山和約於一九五二年四月廿八日生效，其後美國並未將琉球提交聯合國託管。在一九五三年八月八日美國國務卿突然送致日本首相照會一張，表示願將琉球群島北部之奄美大島（Amami Oshima）交還日本（註三四）。消息傳到我國，我國立法院表示不滿，由立法委員李文齋等卅四人於一九五三年十一月廿四日立法院十二會期十二次會時，臨時動議請外交當局對美表示反對（註三五）。該案於十一月廿七日立法院十三次會時通過，其全文如下：「查奄美大島向為琉球群島之一部，在歷史地理上均與我國有悠久密切之關係。現聞美國逕擬將其交與日本，顯與金山對日和約第三條之規定不合，且事前未與我國政府洽商，更屬違反波茨坦公告，我國自應反對。應函請行政院迅速採取有效措施，務使琉球群島包括奄美大島在內，仍照金山對日和約第三條之規定處理。」（註三六）

同年十二月廿二日行政院函覆立法院報告奄美大島一事處理情形，其中表示已令外交部於十一月廿四日以備忘錄一件遞交美駐華大使館，闡明我國對琉球問題基本立場，其全文如下：

「一、中國政府雖非一九五一年九月八日在金山所簽訂之對日本和平條約之締約國，然對該約第三條之規定，則在原則上曾表示同意…但在該約中，並無任何規定，足以解釋為授權美國得在該約第三條明文規定之辦法以外，另行擬定關於琉球群島之處置辦法。因此中國政府對於美國所作金山和約並未使琉球群島脫離日本主權之解釋，不能同意。蓋此種解釋，將予日本以要求歸還此等島嶼之一項根據，此與一九四

五年七月廿六日之波茨坦公告之文字及精神相悖，亦決非金山和約之本旨。

二、更應注意者，奄美群島直至其爲日本武力侵併以前，向爲琉球群島完整之一部，近據報告，美國業已承諾奄美群島歸還日本。美國政府此項行動，業已引起中國人民之深切關懷與焦慮，彼等尤恐美國政府在日本壓力下，殆將作更進一層之讓步。在此種情形下，中國政府認爲重申其對於琉球群島之基本立場，實有必要。

三、自公元一三七二年至一八七九年之五百餘年之期間，中國在琉球群島享有宗主權，此項宗主關係僅因日本將其侵併始告中斷。中國政府對於琉球群島並無領土要求，亦無重建其宗主權之任何意圖；惟願見琉球居民之眞實願望完全受到尊重，彼等必須獲得選擇其自身前途之機會。在依金山和約第三條所規定之將琉球群島置於託管制度下之建議尙未提出以前，此等島嶼之現狀，包括其領土之完整，應予維持。

四、鑒於中國與琉球群島之歷史關係及地理上之接近，中國政府對於此等島嶼之最後處置，有發表其意見之權利與責任。關於此項問題之任何解決，如未經與中國政府事前磋商，將視爲不能接受，爰請美國政府就上述各項意見，對此事重加考慮。」（註三七）（標點與著重點是筆者加的）。

美方對我國備忘錄覆文未見報導，但美日二國於一九五三年十二月廿四日簽署協定，將奄美群島交還日本（註三八）。

上述我國致美國政府關於琉球問題的備忘錄，是我國對琉政策的一大轉變，我國從此不再採取中日和約談判時表示琉球是美日二國的事之態度。現就國際法觀點，分析我國立場的合法性。

第一、我國備忘錄中指出，當美方金山和約約稿徵詢我國意見時，我國只同意將琉球交付託管，並未贊成歸還日本，所以美方主張將琉球一部交還日本，顯與雙方當初的了解不同。

第二、我國對琉球問題之發言權，載於波茨坦公告，並無任何文件表示我國已放棄發言權。雖然中日和約談判時，我方代表曾表示此事係美日二國之事，但此僅係意見表示，在條約解釋上最多只有參考價值，並無拘束力，且當時中日雙方並未就此點作成同意記錄。除此之外，中日和約第十一條規定：「除本約及其補充文件另有規定外，凡在中華民國與日本國間因戰爭狀態存在之結果，而引起之任何問題，均應依照金山和約之有關規定予以解決。」所以中日之間如因琉球歸屬問題，發生爭執，似應參照金山和約有關規定解決，換句話說，我國對琉球問題當然有發言權。

第三、有人或者以爲波茨坦公告的條約性質有問題，即它是否只是政策聲明而不具法律性質。據西方國際法學權威，已故的英國法學家勞特派特（Lauterpacht）修訂的奧本海（Oppenheim）「國際法」的意見：「由國家元首或政府首領簽署、用會議公告方式且包含會議中所獲致的協議之官方聲明，可以認爲對各該國具有法律上的拘束力，但拘束力的程度要看協議中包含多少肯定的行爲規則。」（註三九）波茨坦公告中明文規定日本領土限於本土四大島及「吾人〔指盟國〕所決定其他小島」，據上述西方著作之意見，當然具有法律性質。其次，日本降伏文書中明文規定接受波茨坦公告，而此文書之具有法律性質是毫無疑問之事，美國且照其一般締結條約之慣例（一九五一年前，現例不同），將降伏文書，如同其所締結之其他條約，刋載於「美國法規大全」（United States Statutes At Large）。（註四〇）

基於上述理由，一九五三年十一月廿四日我國致送美國關於琉球問題的備忘錄中，强調根據波茨坦公告我國對琉球地位有發言權一點，從國際法觀點分析，完全有理。

儘管如此，美日二國自一九五三年後，一連發表許多關於琉球的公報並締結了二個協定，先是美方重申日本對琉球有剩餘主權，再則承認將來要歸還日本，締結的二個協定則將琉球行政權交付一部給日本，現將這些文件時間內容簡述於下：

(1)一九五六年六月廿七日美駐日大使對日新聞界發表聲明，承認日本對琉球有剩餘主權，並表示美國無意久佔琉球（註四一）。

(2)一九五七年六月廿一日美總統艾森豪（Eisenhower）與日本總理岸信介發表聯合公報（Joint Communique 日文譯爲共同聲明），美方重申承認日本對琉球有剩餘主權（註四二）。

(3)一九六一年六月廿二日美總統甘迺廸（Kennedy）與日本總理池田發表聯合公報，其中提及日本對琉球保有剩餘主權（註四三）。

(4)一九六二年三月十九日美總統甘迺廸發表聲明，承認琉球爲日本本土一部（a part of the Japanese homeland），並期望當自由世界的安全利益許可時，恢復日本對琉主權（註四四）。

(5)一九六四年四月廿五日美日簽署協定，設立琉球經濟援助協議委員會及技術委員會，由日本派員參加（註四五）。

(6)一九六五年一月十三日美總統詹森（Johnson）與日本總理佐藤發表聯合公報，美方表示當安全許可時，將恢復日本對琉行政權（註四六）。

(7)一九六七年九月十五日美國國務卿魯斯克（Rusk）在記者招待會表示美國承認日本對琉球有剩餘主權並注意琉球返還日本問題（註四七）。

(8)一九六七年十一月十五日美總統詹森與日本首相佐藤再度發表聲明，同意日本在琉球設立諮問委員會，美方並答應在數年內（Within a few yesrs）將琉球歸還日本（註四八）。

美方所以對日本一再讓步，主要在想使日本戰後執政的親美政黨繼續當權，日方則利用國內情勢，一再向美方要脅，造成一種印象，卽琉球如不歸還日本執政黨無法在選擧中獲勝。

到一九六九年十一月日本總理佐藤再度訪美，關於琉球問題，在同月廿一日日美聯合公報中，確定在一九七二年歸還日本，聲明中有關琉球部份如下：

「總理〔指佐藤〕强調實現日本本土及冲繩日本人民，將冲繩行政權，在美日友好的基礎上，歸還日本以恢復冲繩正常地位的强烈願望，已經到來。總統〔指尼克森 Nixon〕對總理的意見，表示了解。總統及總理承認，在遠東當前情勢下，美軍在冲繩負有重要任務。雙方討論結果同意，在返還冲繩行政權給日本的安排下，美日共同安全利益得以協調。雙方因此同意在不妨害包括日本在內的遠東安全〔情形〕下，雙方政府應立卽協商早日將冲繩歸還日本的具體步驟。雙方更進一步同意加速協商，以期在獲得必要的立法支持及締結此等具體辦法〔的條件〕下，在一九七二年完成歸還〔手續〕。總理對此並明白表示其政府在歸還後，將逐漸承擔冲繩的防衞責任，作爲日本本土防衞的一部。總統與總理並同意，對美國在冲繩爲保障二國共同安全所必需的軍事設備及區域，基於日美安保條約規定，仍予保留。」（註四九）

由以上公報內容可知，美國已經決定違反波茨坦公告，擅自將琉球在一九七二年簽約歸還日本，這種條約在國際法上究竟是否有效？據著名西方國際法學家勞特派特的意見，條約義務如與以前締結的條約義務衝突，則後一條約應爲無效（invalid）（註五〇）。此外，一九六九年五月廿三日通過的「維也納條約法公約」(Vienna Convention on the Law of Treaties),也在第三十條第四項(乙)款規定:「在為兩條約之當事國與僅為其中一條約之當事國間彼此之權利與義務依兩國均為當事國之條約定之。」(註五一)依此規定,波茨坦公告在中美及中日(註五二)之間仍舊有效,但擬訂的美日歸還琉球協定,在美日之間仍有效。所以美日將訂的變更琉球地位的協定,非經我國同意,在國際法上對我國無效,也不能妨害我國依據波茨坦公告,對琉球的發言權。

話雖如此,在法律上我國有某種權利是一回事,在當前政治環境下是否適合主張這種權利是另一回事。目前蘇聯及中共均主張琉球應歸日本,如我國政府反對,則日本左派分子必大吵大叫,而支持我國的日本朝野人士處境必感困難,鑒於這種情勢,我國政府只有再度改變立場,對琉球問題再度讓步。因此,在一九六九年十一月廿二日我國外交部發言人對上述的美日聯合公報,發表下述評論:

「中華民國政府基於歷史與地理上之關係,對於琉球地位問題,一向深為重視。最近美日二國政府就此項問題進行談判,中華民國政府自始即予密切注意,並曾與美國政府不斷接觸,交換意見。頃美國尼克森總統與日本佐藤首相於十一月廿一日發表聯合公報,就今日東亞與日本之形勢而言,對於琉球問題之處理,與亞洲區域安全所具聯帶關係,尚能顧及,中華民國政府認為尚合時宜。惟對於琉球群島之未來地位問題,未經應循之程序遽予決定,引為遺憾。」(註五三)

此一評論,似乎默認琉球地位可由美日二國決定,我國只對決定程序表示遺憾,並未保留將來的發言權,也未提及波茨坦公告,所以琉球問題對我國而言,恐怕將來沒有什麼發言權,此事將告一段落(註五四)。

五、結　論

琉球地位問題除了將來東亞政治情勢或中日美之間的政治力量對比，有重大變化，其歸還日本，已成定案，我國沒有什麼戲好唱了。這件事的交涉始末是日本外交成功，我國外交失敗之例子。當然，自我國政府暫時播遷臺閩地區以來，國勢不如前，在外交上發言力量當然大爲減少，對琉球交涉失敗，有相當影響，但是這絕不是最重要的原因。據筆者分析，我國對琉交涉失敗，有下列二個主要原因：

第一、對琉球問題漠不關心，既不知其戰略上的重要性，又不了解琉人在日本反動統治下的痛苦，對於情況既不了解，當然無法決定政策，所以我國對琉球政策一向擧棋不定。據記錄所載，在開羅會議時，我國並未主動提出琉球問題，而係由美方提出，雙方同意託管後，又不將其載入宣言，所以以後我國對琉交涉缺乏有力法律後盾。

第二、我國對美外交一直以美方對我善意爲前提，但不知美國立國是以實用主義爲基礎，講求現實，缺乏道德基礎，有利我國時機，我國未能利用機會討價還價，反而將權利逕行放棄，不利我國時機，我國却想用道德基礎，要求美國協助，未免緣木求魚，必無結果。

琉球交涉的失敗是給我國朝野一個很好的敎訓，我國對與我國有關的國際問題如再不加强研究，將來遇有類似問題，仍有可能失敗。另外在外交上，我國必須順應世界潮流，講求現實利害及權力政治的關係，不可專門依賴一國的「善意」或所謂「道德原則」，而須以中國的利益爲最高指導方針。

註

註一 見Ta-tuan Ch'en,（陳大端）"Investiture of Liu-Ch'iu Kings in the Ch'ing Period," in J. K. Fairbank, ed., The Chinese World Order, Cambridge, Mass.: Harvard University Press, 1968. p. 136.

註二 見方豪，「中國近代外交史(一)」，臺北：中華文化出版事業委員會，民國四四年出版，頁一七五。

註三 引自蔡璋，「琉球亡國史譚」，臺北：正中書局，民國四〇年出版，頁二～三。

註四 China, Imperial Maritime Customs, Treaties, Conventions, Etc., Between China and Foreign States, Vol. II, Shanghai: Statistical Department of The Inspectorate General of Customs,, p. 1313。關於本案交涉經過，可參閱郭廷以，「臺灣史事概述」，臺北：正中書局，民國五六年三版印刷，頁一五五～一六四。

註五 引自方豪，前引註二，頁一七七。按一八五四年七月十一日簽訂的美琉友好條約中，琉方堅持同時寫入清朝年號咸豐四年六月十七日。條約英文全文見 United States Statutes At Large, Vol. X, p. 1101.

註六 見方豪，前引註二，頁一七七～一七八。蔡璋，前引註三，頁九～十四，有較詳儘敘述。

註七 Foreign Relations of the United States, Diplomatic Papers: The Conferences at Cairo and Tehran 1943, Washington, D.C.: Government Printing Office, 1961,

P. 324。梁敬錞，「開羅會議與中國」，香港：亞洲出版社有限公司，民國五一年出版，頁四〇，四三，參照。

註 八　憲章第七六條丑款。

註 九　Foreign Relations of the United States, Diplomatic Papers: The Conferences at Cairo and Tehran 1943, supra, note 7, pp. 448-449. 中文譯文引自中日外交史料叢編(七)，「日本投降與我國對日態度及對俄交涉」，臺北：中華民國外交問題研究會，民國五五年出版。頁一。

註一〇　日本治琉虐政簡述見，蔡璋，前引註三，頁三〇～三三。

註一一　Foreign Relations of the United States, Diplomatic Papers: The Conferences At Cairo and Tehran 1943, supra, note 7, p. 869.

註一二　引自中日外交史料叢編(七)，前引註九，頁三。英文全文見 Foreign Relations of the United States, Diplomatic Papers: The Conference of Berlin (The Potsdam Conference) 1945, Vol. II, Washington, D.C.: Government Printing Office, 1960, pp. 1474-1476. 注意國內有將被茨坦公告譯爲「宣言」的，但英文原文爲 proclamation，應譯爲「公告」爲宜。

註一三　見上引文件，pp. 1474 (蘇) 及 1555-1556 (法)。

註一四　Japanese Instrument of Surrender, September 2, 1945. In United States

Statute At Large, Vol. 59, Part II, Washington, D.C.: Government Printing Office, 1946, pp. 1734-1735.

註一五　該佈告頒布日期不詳，英文原文見國際法學會編，「沖繩の地位」，東京：有斐閣一九五五年出版，頁二六三～二六五。該佈告已於一九六六年九月廿四日廢止，見岡倉古志郎與牧瀨恒二編，「資料沖繩問題」，東京：勞働旬報社，一九六九年出版，頁一二七。

註一六　臺北：正中書局，民國四二年臺五版，頁六～七。但應注意該書初版中似未列入琉球。

註一七　引自，「琉球」，行政院新聞局，民國三六年印行，頁一。同書結論部份說：「從地理上說，如果把臺灣和海南島比作中國海疆上的兩只眼睛，那麼琉球群島和西南沙群島就可比爲中國海疆上的兩個觸角，都是不可缺少的。從歷史上說，琉球和中國發生關係遠在一千三百餘年以前，而琉球之爲中國藩屬完全沒有一點脅迫的意思而純粹基於琉球人的自願。所以美國葛德石教授（PROF. GEORGE B. CRESSY）在他的著作「亞洲之地與人」裏說：『…中國，臺灣，琉球，既有如此之歷史關係，要求恢復，自屬當然。』」同書頁一八。

註一八　上海：商務印書館，民國三七年出版，頁八五～八六。

註一九　中日外交史料叢編(八)，「金山和約與中日和約的關係」，臺北：中華民國外交問題研究會，民國五五年版，頁一〇。

註二〇　同上，頁一五。

註二一　同上，頁二二。

註二二　聯合國憲章第八六條一項（丑）款規定，安理會常任理事國非託管領土者，為託管理事會理事國，不必經過選舉。

註二三　中日外交史料叢編㈧，前引註一九，頁三二。

註二四　同上，頁四四。

註二五　詳細交涉經過見，同上書，頁四〇～八五。

註二六　同上，頁九一。中共雖亦未參加和會但其立場與蘇聯相同，僞外交部長周恩來於一九五一年八月十五日發表聲明，指責和約草案「保證美國政府…獲得對於琉球群島…等的託管權力…而這些島嶼在過去任何國際協定中均未曾被規定脫離日本的。」（著重點是筆者加的）。見「日本問題文件彙編」，北〔平〕：世界知識社一九五五年出版，頁六九。

註二七　中日外交史料叢編㈧，前引註一九，頁九二。

註二八　American Foreign Policy, 1950-1955, Basic Documents, Vol. I, Washington, D.C: Government Printing Office, 1957, p. 453

註二九　'United Nations Treaty Series, Vol. 136, p. 50.。中文譯文引自中日外交史料叢編㈧，前引註一九，頁九五。

註三〇　關於這點，我國外交部對日和約研究委員會編譯室，曾參照當時日本「每日新聞」、「朝日新聞」等大報關於日本國會討論金山對日和約的經過，作下列觀察：「…琉球…群島等，亦係日本歷史上舊有之領土，劃歸託管，似與聯合國憲章，未儘符合，託管之目的，在領導受託管地區之居民，趨向獨立或自治之途徑。似此，則日本對該項島嶼之主權，恐將日趨消滅：以上爲反對黨所持之理由：〔日本〕政府之解釋，約爲以下三點：⑴對於日本猶存餘悸之非律濱等國，主張明白規定日本放棄該項島嶼，而其他同情日本之國家，則主張交還日本，爭執不決，因此交付託管作爲折衷方案，⑵美國對於託管問題，將暫時擱置不談，而維持現狀，至行政、立法、司法三權之如何行使，或將與日本政府洽商……」中日外交史料叢編㈧，前引註一九，頁一二五～一二六。

註三一　見我方約稿第二條，載中日外交史料叢編㈨，「中華民國對日和約」，臺北：中華民國外交問題研究會，民國五五年出版，頁九。

註三二　同上，頁五四。

註三三　中日和約於一九五二年四月廿八日簽字，同年八月五日生效。全文見外交部編，「中外條約輯編」，臺北：外交部，民國四七年出版，頁二四八～二五七。

註三四　American Foreign Policy, 1950-1955, Basic Documents, supra, note 28, Vol. II, pp. 2427-2428.

註三五　見「立法院公報」，第十二會期第五期（民國四二年十二月一日），頁五八。

註三六　同上，頁六六。

註三七　備忘錄載「行政院函復對美國逕將奄美大島交與日本一案處理情形請查照案」，中華民國四二年十二月廿二日臺四二（外）七四九六號。載「立法院公報」，第十二會期第八期（民國四三年一月十五日），頁八八～八九。

註三八　United States Treaties and Other International Agreements, Vol. 4, Part II, Washington, D.C.: Government Printing Office, 1955, p. 2912.

註三九　L. Oppenheim, International Law, Vol. 1, 8th ed. by H. Lauterpacht, London: Longmans, Green, 1955, p. 873.

註四〇　見前引註一四。

註四一　American Foreign Policy, Current Documents, 1956, Washington, D.C.: Government Printing Office, 1959, p. 815.

註四二　American Foreign Policy, Current Documents, 1957, Washington, D.C.: Government Printing Office, 1961, p. 1158.

註四三　American Foreign Policy, Current Documents, 1961, Washington, D.C.: Government Printing Office, 1965, p. 965.

註四四　American Foreign Policy, 1962, Current Documents, Washington, D.C.: Government Printing Office, 1966, p. 1034.

註四五　United States Treaties and Other International Agreements, Vol. 15, Part II, Washington, D.C.: Government Printing Office, 1964, p. 1371。日文本見岡倉古志郎及牧瀨恒二編，前引註十五，頁一四六～一四七。

註四六　Department of State Bulletin, Vol. 52, No. 1336 (February 1, 1965), p. 135.

註四七　Id., Vol. 57, No. 1476 (October 9, 1967), p. 458.

註四八　Id., Vol. 57, No. 1484 (December 4, 1967), pp. 745-746。成立諮問委員會的協定在一九六八年一月十九日以美國換文簽訂。United States Treaties and Other International Agreements, Vol. 19, Part IV, Washington, D.C.: Government Printing Office, 1969, p.45.

註四九　譯自 The New York Times, November 22, 1969, p. 14.

註五〇　Oppenheim, supra, Note 39, p. 895

註五一　International Legal Materials, Vol. VIII, No, 4 (July, 1969), p. 691。公約全文中文本見丘宏達編，「現代國際法」，下册（參考文件），臺北：三民書局，民國六十一年出版，頁四七～六九。

註五二　日本在一九四五年九月二日的降伏文書中接受波茨坦公告。

註五三　「中央日報」，國際航空版，民國五八年十一月廿三日。在此前一個多月，外交部沈次長劍虹在立法院答覆立委谷正鼎的質詢時說：「〔關於琉球問題〕，我政府…主張與立場，歷來都是認爲應根據開羅宣言、波茨坦公告由有關盟邦共同商量如何處理。」「中央日報」國際航空版，民國五八年一〇月一日。

註五四　中共爲換取日共支持其所謂「解放臺灣」之企圖，於一九五九年一〇月二〇日在北平與日共發表「聯合聲明」，其中稱：「中國共產黨代表團也表示中國人民充分支持日本人民要求收回冲繩和小笠原群島的鬭爭。」載「中華人民共和國對外關係文件集」，第六集（一九五九），北〔平〕，世界知識出版社，一九六一年出版，頁四七三。

補充說明：關於琉球問題請同時參照本書第四篇有關部份說明。

（原載「政大法學評論」，第二期，民國五十九年六月。）

參、日本對於釣魚臺列嶼主權問題的論據分析

本文根據的資料是由下列幾位協助收集，整理及翻譯：
郭明山先生　臺大政治學研究所碩士
劉滌宏先生　德國柏林自由大學法學博士候選人
陳博中先生　美國奧古斯塔學院政治系助理教授
趙國材先生　政大外交研究所碩士
陳長文先生　美國哈佛大學法學博士

一、導論

釣魚臺列嶼（見圖一）主權歸屬問題是海內外中國人不分黨派省籍所一致關切的問題，並且除極少數漢奸份子外（註一），所有中國人都一致支持中國政府收回該列嶼的合法主張（註二）。不過在交涉這個問題時，我們必須注意，我們固然可提出對我們有利的證據，但日方一定也會提出對它一方有利的證據，照常理判斷，日本提出的證據大體上可分爲三類：

圖一　釣魚台列嶼略圖

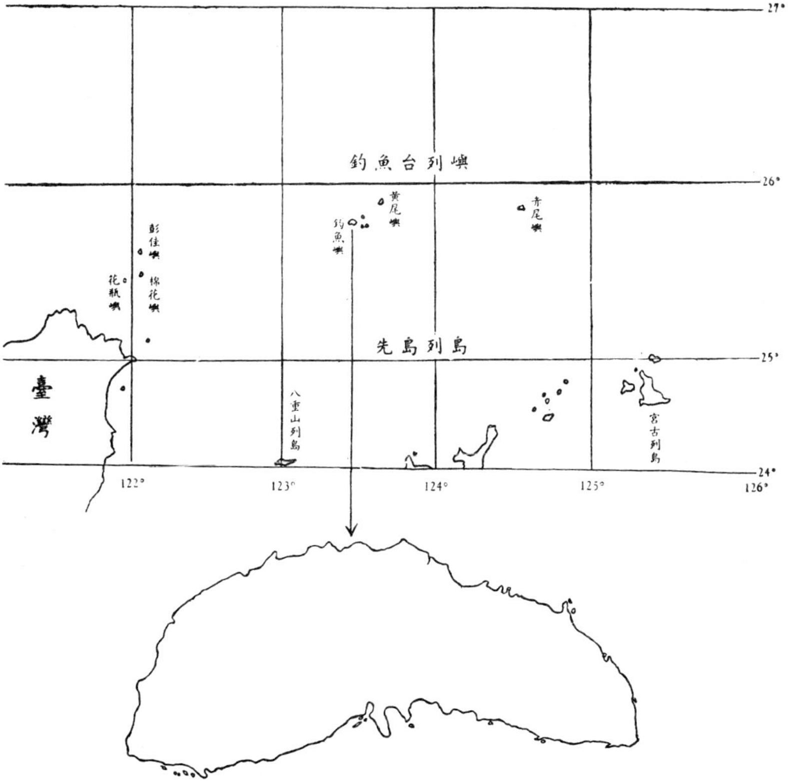
27°
釣魚台列嶼
26°
黃尾嶼
赤尾嶼
釣魚嶼
彭佳嶼
花瓶嶼
棉花嶼
先島列島
25°
臺灣
八重山列島
宮古列島
24°
122°
123°
124°
125°
126°

㈠日本史籍、官方文書、琉球史籍等文件上的記載。

㈡中國史籍、官方或民間文書上不利我國主張的記載或論述（註三）。

㈢西方關於釣魚臺列嶼的有利日本的記載或論述（註四）。

本文的目的在就第一類的日本論據，作較詳盡的介紹，將有關文件全文譯出或刊出，有關地圖也指出，使讀者對這個問題有較深入的了解，並且針對日本的論據，共同研究對策或再搜集資料，以支持我國政府的合法主張。

在本文中，對日本方面的論據，大體上分三段說明：首先將分析公元一八九五年以前日本琉球的典籍、地圖、以及日本學者討論這段時期琉球版圖的記載；其次說明日本竊據釣魚臺列嶼的經過；最後說明日本現在圖謀再度竊據釣魚臺列嶼的荒謬主張之根據。

二、一八九五年以前日琉史籍及地圖有關釣魚臺列嶼歸屬的記載

大體上說，在一八九五年（日本竊據臺灣之年）以前日本刊行的地圖，幾乎都未將釣魚臺列嶼劃入琉球範圍，現舉下列二幅日本地圖爲例說明：

㈠關口備正輯的「府縣改正大日本全圖」，是日本明治八年（公元一八七五年）十一月廿四日出版的，其中琉球部份並未列入釣魚臺列嶼。

㈡井出猪之助輯的「大日本地理全圖」，其中琉球部份也未列入釣魚臺列島。這個地圖上並未記述出

版年代，但在哈佛大學溫莎地圖室中記載說明，此圖是屬十九世紀出版的。

在琉球方面，康熙四十年（公元一七〇一年）琉球國來使紫金大夫協理府總理司蔡鐸進獻的「中山世譜」中，所列的地圖及說明中，均無釣魚臺列嶼，且列舉琉球版圖爲三十六島，現將日本人伊波普猷、東思納寬惇及橫山重三人合編的「琉球史料叢書」第四冊中所載的「中山世譜」原序及其說明抄錄於下（註五），以供參考：

中山世譜原序

自昔人君膺圖命。世必以仁孝爲本。此三皇五帝之所共由也。我
先王尚質。神明天縱。德業日新。于萬機之暇。念及祖宗之功德。將幾於湮沒。爲憂。隨
命向象賢。以和文。著中山世鑑一部。而祖功宗德。昭然可稽。仁孝之源。始開于斯焉今
國王。道高五典。學深三墳。善繼
先人之志。能貽後人之謀。特
命尚弘德等，以漢文重修世鑑。顏曰中山世譜。於戲風化百年而後成。制作累世而大備。豈不云乎。丕顯哉文王謨。丕承哉武王烈。佑啓我後人。咸以正罔缺。夫文謨武烈。既顯且承。歷成及康。覲光揚烈。至
穆王之世。始稱咸正罔缺。蓋制作若斯之難也。國朝自
舜天王開基。歷二百八十餘年。而我
始祖尚圓王中興。明王更作。歷一百有七十餘年。而吾

國王。父子相繼而立。譜事始能咸備。而昭穆親疎。燦然一一可遡。仁孝之風。與三代並隆矣。臣鐸等。奉
命。來司厥職。敢言固陋無文。遵依史記通鑑之例。編成全部。恭備
上覽。伏願億萬斯年
國祚與天地同垂焉。
時
康熙四十年歲次辛巳九月二十七日
紫金大夫現任協理府總理司臣蔡鐸頓首謹撰

琉球輿地名號會紀

三府五州三十五郡（俗叫府州曰方又叫郡曰間切）

中
中山府
頭

五　州（首里三平等・那覇・泊）

十一郡（西原・浦添・宜野灣・北谷・讀谷山・越來・美里・中城・勝連・與那城・具志川、是也。原有

八郡。康熙年間。分爲十一郡）

島尻　山南府

五　郡（眞和志・南風原・東風平・大里・佐敷・知念・玉城・磨文仁・具志頭・喜屋武・眞壁・高嶺・兼城・小祿・豐見城、是也。原有十四郡，康熙年間。分爲十五郡）

國頭　山北府

九　郡（恩納・金武・久志・名護・羽地・本部・今歸仁・大宜味・國頭、是也。原有五郡。康熙年間。分爲九郡）

三十六島

庇郎喇（俗叫平良）
姑李麻（俗叫來間）
烏噶彌（俗叫大神）
伊奇麻（俗叫池間）
面　那（俗叫水納）
伊良保（俗叫惠良部）

達喇麻（俗叫多良間）

以上七島。總稱之曰宮古島。又曰麻姑山。

伊世佳奇（俗叫石垣）

姑　彌（俗叫古見）

烏巴　麻（俗叫小濱）

阿喇斯姑（俗叫新城）

達奇度奴（俗叫武富）

巴梯呂麻（俗叫波照間）

姑呂世麻（俗叫黑島）

巴度　麻（俗叫鳩間）

由那姑尼（俗叫與那國）

以上九島。總稱之曰八重山。又曰大平山。

姑達佳（俗叫久高）

津奇奴（俗叫津堅）

巴　麻（俗叫濱比嘉）

伊　奇（俗叫伊計）

姑　米（俗叫久米）

東馬齒（俗叫前慶良間）
西馬齒（俗叫西慶良間）
度那奇（俗叫渡名喜）
阿姑尼（俗叫粟國）
椅世麻（一曰椅山。俗叫伊江）
葉　壁（俗叫伊比屋）
硫黃島（俗叫鳥島）
度　姑（俗叫德島）
由　論（俗叫與論）
永良部（俗同）
山　呂（俗叫與路）
烏奇奴（俗叫冲野）
佳奇呂麻（俗叫垣路間）
烏世麻（俗叫大島）
奇　界（俗叫鬼界）

凡管轄之島。星維基布。環國如藩。皆隔海之地也。衣服容貌。自古至今。總受中山一統之制。而與他國不題自明。以來中華人所稱。琉球三山六六島者。卽是也。

除此之外，國立臺灣大學圖書館中所藏的琉球「歷代寶案」一書，也未提及釣魚臺列嶼，並且無任何說明提到琉球管轄範圍及於該列嶼。

日本天保三年（公元一八三二年）阪宅甫所輯的「中山聘使略」中所附「琉球屬島全圖」中並無釣魚臺列嶼，其中說明也未提到此島。

日本明治十年（公元一八七七年）伊地知貞馨著車野安繹校的「沖繩志」（一名「琉球志」）中（註六），所列的宮古及八重山二群島中，均未列入釣魚臺列嶼，全書中也未說到琉球領域及於釣魚臺列嶼。另外明治十九年（公元一八八六年）西村捨三所著「南島紀事外篇」中（註七），附有二份重要地圖，一份是「琉球三十六島之圖」及「內地沖繩支那朝鮮圖」中，均未列入釣魚臺列嶼，書中也未提及釣魚臺列嶼是屬琉球。

在日本官方文書方面，也找不出任何琉球管轄權在一八九五年以前及於釣魚臺列嶼的證據，例如，一八八〇年中日二國討論琉球地位問題時，日本出示的草案中，全未提及釣魚臺列嶼各島，現將日本明治十三年（公元一八八〇年）十一月十三日，日本井上外務卿上三條太政大臣文中所附有關文件（註八）抄錄於下。（原文爲中文）：

（附屬）

(一)別紙甲號

球案條約擬稿

大清國

大日本國以專重和好故，將琉球一案所有從前議論，置而不提。

大清國

大日本國公同商議，除沖繩島以北，屬大日本國管理外，其宮古八重山二島，屬大清國管轄，以清兩國疆界，各聽自治，彼此永遠不相干預。

大清國

大日本國現議酌加兩國條約，以表眞誠和好之意，茲

大清國

欽命總理各國事務王大臣

大日本國

欽差全權大臣　　各憑所奉

上諭，便宜辦理，定立專條，畫押鈐印爲據，現今條約，應由兩國

御筆批准，於三個月限內，在

大清國都中互換（光緒　七年正月，明治十四年二月）交割兩島後之次月，開辦加約事宜。

……

(四) 別紙丁號

附單稿

一

大清國應派員以（光緒　七月正月，明治十四年二月）到八重山島地方，與大日本國所派官辦，各呈示憑據將宮古八重山群島土地人民，一併交受

一　宮古八重山群島民人，在交付之際，大日本國官辦應先期加意戒飭曉諭，使其安份，以免紛擾，既交付之後，兩界民人，各遵其國法例，不互干犯。

(五) 別紙戊號

照覆

十月十二日節略ヲ以テ彼レノ十月十日ノ照會ニ答ヘタルニ彼レ照覆ノ文體ヲ望ムヲ以テ節略ヲ照覆ニ改ム

前接准

貴王大臣照會，內稱兩月以來，已商定大致，擬加約條，並另立憑單，彼此意見相同，在宮古八重山所有辦法，先行聲明，以免將來滋議，中國用意所在，應請　貴大臣，轉報

貴外務卿迅賜答復等因，惟本大臣奉辦理之旨以來，一意希圖保全大局，與

貴王大臣衷情既熟，兩國痛癢之處，互相體悉，可以斟酌了事，若將

貴王大臣所稱逕行，轉報我外務大臣，本大臣或恐辦法未成，彼此再提出前論之不免也，所以本大臣前日謂待定議畫押之後，除行照會，仍應請示本國也。

貴王大臣或未察本大臣之意耳。

貴王大臣前次節略有二島設立君長，由

中國主持等語，本大臣謂二島已歸于

貴國之後，以二島之人，置二島之君長，不過以

貴國之人，經理

貴國之土地我國不相干預，此則可以先行聲明，不須復轉報本國也，今

貴王大臣之意，如在得我國編籍之人，以為二島之君長者，我國理不得不相涉，假使我國交付

貴王大臣意中之人，以為

貴國置立君長之地，是即在我國，一面廢琉球，一面立琉球，自相矛盾，不成體面，以此轉報本國，本大臣決知其不便了局也，深望

貴王大臣，更平心商量，務期妥辦，兩國之慶，實在于此矣。

由上述日琉史籍及地圖等資料分析判斷，我們可知在一八九五年日本竊據臺灣以前，釣魚臺列嶼根本不屬於琉球的一部份，這點我們再參照日本學者的見解，更可證明上述論點的正確。例如，日本學者英修道曾對琉球疆域的演變作下列說明：「現在（至日本戰敗前『卽一九四五年以前』）冲繩縣的領域，係……琉球王國之原有領域，加上以後由先占取得之島嶼所構成」（註九）。由此可見，在一八九五年以前的琉球領域顯然只限於以上各種資料中所一再說明的三十六島，而不包括釣魚臺列嶼在內，後者是日本後來再竊占的。

* * *

在上述日本及琉球的資料中，有一點值得注意，卽上述資料中，雖可證明在一八九五年日本竊據臺灣前，釣魚臺列嶼不屬琉球，但却不能證明該列嶼屬於中國，這一點在將來與日本交涉時，甚爲重要，因爲目前日本竊占的釣魚臺列嶼的主要根據是：一八九五年時該列嶼係無主土地，因此日本可依國際法上先占的原則竊占去（經過詳後說明）。所以在研究日本或琉球方面的論據時，還應找尋資料積極證明該列嶼在一八九五年以前屬於中國。

經過多方查考，作者在美國發現二幅日本地圖，其中標明的顏色，明白顯示釣魚臺列嶼屬於中國，現將這個資料說明於下。

日本天明五年（公元一七八五年）日本人林子平刋行「三國通覽輿地路程全圖」，共五張，並附略說一册，其中關於中琉之間航程圖中，明白將花瓶山、彭佳山、釣魚臺、黃尾山、赤尾山的顏色與中國領土同樣標爲「赤色」，琉球則標爲「褐色」，必須注意，在標色的說明中，「赤」之下同時有（無人島・支那（卽中國）．堪察加半島），其中所稱的「無人島」是專有名詞，卽小笠原群島，這在圖中有所說明，因此除了「無人島」及「堪察加半島」外，圖中「赤色部份」顯然是指中國領土，釣魚臺列嶼各島旣標爲赤色」，當然是劃爲中國領土。這張地圖原圖及日本人享香元在公元一八〇一年仿劃著色的，都已找到。

另外上述文獻由於非常有價値，因此法國著名學者 M. J. Klaproth 在公元一八三二年將其原圖及說明都譯爲法文，在法國巴黎出版，翻譯出的原圖也是彩色的，其中釣魚臺列嶼等五個小島也與中國本土一樣標爲紅色，而琉球則標爲黃色。

爲便讀者對這個珍貴文獻有進一步的了解起見，現將日本學者栗田元次所著「日本古版地圖集成」中，對「三國通覽輿地路程全圖」的說明，摘譯一部於下（註一〇）：

第二十三　蝦夷國全圖附三國通覽輿地路程全圖

「三國通覽輿地路程全圖共五紙附略說一册東部書林申椒堂藏版」

「此圖乃朝鮮國、琉球國、蝦夷國，無人島等的以天之分野來計算海陸里程配合而成，經緯度的增加，山嶽、江河、城市。鄉村、名勝古跡、港口、車站，皆以顏色來加以分別。其國的風俗、文字、產物、人物，以至於風俗鳥獸之形態，本書悉有之，此誠可謂空前之珍貴著作。天明丙午〇〇日印行」。

題額：「朝鮮、琉球、樺太」「カムサスカ、ヲツコ（海獺島）等數國」參看接壤形勢圖。

蝦夷國全圖

琉球三省並三十六島之圖

朝鮮八道之圖

「無人島大小八十餘」之圖，本名叫做小笠原島（實係群島——作者按）。

顏色：綠（內地、滿州、山）褐（蝦夷、琉球）、黃（朝鮮、臺灣）、赤（無人島、中國、堪察加半島）、藍（河、海）。

刋記：仙臺、林子平圖、天明五年秋、東都、日本橋北室町三丁目、須原屋市兵衞發行。

附錄：樺太、山丹、アルミ川、室韋、カムサスカ之說。

三、日本竊據釣魚臺列嶼的經過

一八七九年日本竊據琉球，其後一度與清朝政府商議願將宮古八重二群島讓與中國，但雙方未獲協議，清廷也不了了之，琉球從此被日本竊占去。日本竊據琉球後，又進一步想竊佔中國大陸與日本間的一些小島以及臺灣，釣魚臺列嶼就是在這種情況下被日本竊占去的，現將日本竊佔的經過，根據日本官方記載，敍述於下，與日本竊佔有關的重要日方文書，也全文譯出。由於當中經過頗爲瑣屑，所以先將日本官方自供竊佔的經過譯出，以便讀者有一個整體的概念，然後再將重要文書，按年代先後刋出，並加必要的說明。

據日本外務省編纂的「日本外交文書」第十八卷（自明治十八年一月至十二月，即一八八五年一月至十二月）中所載之「久米赤島、久場島及釣魚島編入版圖概略」中之記載（註一一），日本竊據的經過大致如下：

散佈在冲繩縣及中國福州間的久米赤島（自久米島未申之方向約七十里，距中國福州約二百里），久場島（自久米島午未方向約一百里，距八重山群島之石垣島約爲六十多里），釣魚島（方位與久場島相同，然較遠十里）。上述三島不見屬清之證跡，且接近冲繩縣所轄之宮古、八重山島，加以有關建立國標之事已由冲繩縣令（知事）上書總理大臣，早在明治十八年（一八八五年）十月九日時已由內務卿山縣有朋徵詢外務卿井上馨，外務卿仔細考慮的結果，認爲上述三島嶼乃是接近中國國境的蕞薾小島，且當時中國報紙盛載日本政府占據鄰近臺灣的中國屬島，催促中國政府注意。基於上開理由，建立國標，開拓這些島嶼之事，須俟後日，伺機行事。十二月五日，內務外務兩卿乃諭令冲繩縣知事，勿急於國標之建立。明治廿三年（一八九〇）一月十三日冲繩縣知事復呈報謂；上開島嶼向爲無人島，亦無他國設定管轄，近因水產管理之必要，乃由八重山島役所呈請內務卿指定管轄。明治廿六年（一八九三）十一月二日冲繩縣知事又以管理收產建設航標爲由，呈報內務、外務兩卿，請將上開島嶼劃歸冲繩縣管轄，並設立國標。因而內務卿乃於明治廿七年（一八九四）十二月廿七日提出內閣議決，並事先與外務卿取得協議。明治廿八年（一八九五）一月廿一日經閣議通過，並由內務、外務兩卿諭知冲繩縣令，謂有關設立國標事宜已獲核准。

值得注意的是日本明治廿六年（一八九三）十一月二日冲繩縣知事再度申請設立國境標記（卽正式劃歸日本）時，日本官方仍不答覆。直到明治廿七年（一八九四）十二月廿七日，日內務大臣始行文外務大臣，要求將此事提交內閣會議議決，這個文件頗爲重要，因此將其譯出於下（註一二）：

（朱書）

秘別第一三三號收文日期：（明治）廿七年十二月廿八日在久場島、魚釣島建設管轄標樁之事，如另書甲號，由冲繩縣知事提出申訴。關係本件之另書乙號已於明治十八年（一八八五）時由鈞座及貴部（外務部）協議，並發下指令（指暫緩進行此事令），可是由於今昔情況已殊，因此（本人）懇望與鈞座取得協議而以另書提出內閣會議。（作重點是作者加上的。）

此致

外務大臣子爵陸奧宗光

內務大臣子爵野村靖上

這個文件中最得分析研究的是「今昔情況已殊」一話，究竟是指什麼事情。這話如和當時中日關係來看，就不難了解。在日本昭和廿七年（一八九四）清廷因朝鮮問題對日宣戰，但到十月海陸軍均失敗，在九月底慈禧太后已傾向和議，十一月初請各國調停，十一月中又派天津海關稅務司德璀琳赴日本試探和平，被日本拒絕（註一三）。此時中日戰事大勢已定，日本穩操勝算，因此其內務部與外務部才認爲「今昔情況已殊」，可以逕行竊據釣魚臺列嶼，劃入版圖，不必顧慮清廷態度。顯然基於這種了解，在明治廿八年（一八九五）一月十一日外務大臣函覆內務大臣，同意其竊佔釣魚臺列嶼各島的提議（註一四），同月廿一日日本內閣通過此項提議（註一五）。

日本內閣通過決議決定竊佔釣魚臺列嶼後，同年四月十七日中日雙方簽訂馬關和約，在和約第二條日本竊佔臺灣的條款中，又明文規定：「中國將管理下開地方之權…永遠讓與日本…二、臺灣全島及所有附屬各島嶼」（註一六）。在這種情況下，中國如對日本竊佔釣魚臺列嶼的行爲提出異議，在法律上已不具任何意義，因爲在地質構造上，該列嶼與臺灣島及其附屬島嶼相同，日方顯然可以認定該列嶼是臺灣附屬島嶼，包括在和約割讓範圍內。事實上，清廷可能也是基於這種了解，所以未對日本竊據釣魚臺列嶼的行爲，提出異議。

由上述的說明，我們有相當理由可以主張，釣魚臺列嶼雖是在日本簽訂馬關和約前開始竊佔去的，但此種行爲在某種程度上，可認爲係因馬關條約中的割讓條款而確定其法律根據。換句話說，日本學者認爲其取得該列嶼主權係根據對無主土地的先占（註一七），但我們却有相當理由可以認爲其取得主權至少部份是根據馬關條約的割讓，這點有較詳細說明的必要。

日本學者認爲日本對釣魚臺列嶼的領土取得是根據先占一點，有二個問題值得研討：第一，先佔的對像必須是無主土地，釣魚臺列嶼在一八九五年以前是無主土地嗎？日本官方與學界的資料中，對這點並未舉出積極證據，而根據作者前述之「三國通覽輿地圖說」，日本學界却有認定此列嶼是屬中國（註一八）。此外，如果該列嶼却是無主土地，那日本在一八八五年就可以去實行「先占」，還需要顧慮中國的態度嗎？總之，日本要趁甲午戰役勝算已定時才來實行先佔一事，就可說明日本當時對該列嶼是否係無主土地一點，也無把握，足見其可以實行所謂先佔的對像就值得懷疑。

第二，日本現在所舉出它實行先佔的行爲，是內閣的決議，顯然是內部行爲，而目前我們所看到的日方資料，僅僅指出有這個決議，全文從未見到過，這種內部不公開的行爲有對外效力嗎？並且在內閣決議後次年（明治廿九年卽公元一八九六年）日皇所頒佈的沖繩縣管轄範圍中，完全沒有提到所謂尖閣群島（卽日方對釣魚臺列嶼的名稱）隸屬沖繩之事，現將該敕令全文（註一九）翻譯於下：

朕茲裁可沖繩縣之郡編制並公布之

御名御璽

明治廿九年三月五日

內閣總理大臣侯爵伊藤博文

內務大臣　芳川顯正

敕令第十三號（官報三月七日）

第一條　除那覇首里兩區之區域外，沖繩縣劃爲左列五郡

島尻郡　島尻各村久米島慶良間諸島渡名喜島粟國島伊平屋諸島鳥島及大東島

中頭郡　中頭各村

國頭郡　國頭各島及伊江島

宮古郡　宮古諸島

八重山郡　八重山諸島

第二條　各郡之境界或名稱如遇有變更之必要時由內務大臣決定之

附則

第三條　本令之施行時期由內務大臣定之

由上述資料及說明可知，日本卽使曾對釣魚臺列嶼實行所謂先占，其所作所爲也不完全符合國際法上的條件，例如，著名的國際法學家勞特派特改編的奧本海「國際法」上就寫到：「有效的先佔必須具有二點重要事實卽占有與管理。⑴占有——先占國必須眞正的占有這塊土地。爲達此目的它需要將此領土置於其支配之下，並具有得到此土地主權的意圖。這只能以在當地殖民並伴隨着一些正式行爲，並宣告此領土已在其占有之下且其意圖將領土置於其主權之下。這種行爲通常包含一個公告或在當地升旗……⑵管理——在依上述方式占有土地後，占有者應在合理期間內建立某種管理（制度）以顯示此領土係由新占有者治理」（註二〇）。日本除了所謂內閣決議（全文其「日本外交文書」中也未刊登）外，並無其他公告、殖民或其他行爲，這種先占恐難完全符合國際法上的要件。所以日本竊據釣魚臺的法律根據，似乎應該至少是部份依據馬關和約中的臺灣屬島連同割讓之規定。

四、日本圖謀再度竊佔釣魚臺列嶼的根據

日本竊據臺灣及釣魚臺列嶼等地後，何時將釣魚臺列嶼改名爲尖閣群島並將其劃歸琉球，並不清楚，查閱「日本外交文書」，日本「法令全書」及有關冲繩的記載或有關公文書，都未提到劃歸琉球日期。經查閱日本地理與地質方面的典籍，似乎到明治三十一年（公元一八九八年）才出現「尖閣群島」一詞來表示釣魚臺列嶼（註二一）。至於在日本竊據臺灣及釣魚臺列嶼時代，釣魚臺列嶼是在那個行政區域一點，

據大正四年出版的「大日本地誌」中的記載，是劃歸沖繩縣（註二二）。另外查閱日本有關地圖（雖有不少日本地圖根本未將該列嶼印出）的結果，似可確實認定是歸沖繩縣管轄，例如昭和四年（公元一九二九年）出版的「最近調查大日本地名辭典並交通地鑑」一書中所附沖繩地圖之「管內一覽」部份，明白標出包括尖閣列島久場島，及魚釣島三名稱（註二三）。另外日本竊據臺灣時的行政區劃中，似乎並未包括釣魚臺列嶼，例如，昭和十九年（公元一九四四年）出版的「臺灣年鑑」中，明白標出臺灣本島極東是臺北州基隆市棉花嶼東端東經一二二・〇六度，極北是臺北州基隆市彭佳嶼北緯二五・三七度（註二四）。

不過我們必須注意，在行政上釣魚臺列嶼固然是劃在琉球，但據日本人自己的記載，這個地區却是臺灣漁民經常活動的地區。例如，日本大正四年（公元一九一五年）日本臺灣總督府殖產局編纂的「臺灣の水產」刊物中，自己供認「尖閣列島漁場…爲以臺灣爲根據地的鰹漁船…最重要遠洋漁場之一」（註二五）。並且該刊附有漁場圖，明白將魚釣島劃入臺灣之「眞鰹漁場」範圍（註二六）。

由於在日本竊據臺灣及釣魚臺列嶼期間，將釣魚臺列嶼劃入沖繩範圍，因此一九四五年美軍占領琉球時卽根據日本的行政區劃，也將釣魚臺列嶼劃入占領範圍。最近美國已與日本簽約要將琉球「歸還」日本，其條約中所附地圖將釣魚臺列嶼也包括在內，這點引起中國政府與人民的極大憤怒。美方所作此荒謬舉動，其主要根據是當一九四五年美國自日本取得琉球之「行政權」時，是包括釣魚臺列嶼在內，因此「歸還」時也應包括在內，中國如有任何權利主張，可以在「歸還」後，逕行與日本交涉，與美國無關（註二七）。

日本方面的論點也相類似，日方認爲琉球管轄範圍在日治時代包括釣魚臺列嶼，並且美國承認日本對琉球有剩餘主權，一九四五年美方自日本取去的只是「行政權」，因此「行政權」一旦歸還，日本卽恢復其主權，包括釣魚臺列嶼在內（註二八）。

日美這種觀點表面上看來言之成理，但詳細分析之下，却有幾個重大的漏洞，卽它們將琉球問題及釣魚臺列嶼問題孤立起來，認爲是美日二國間之事，與中國無關，並且忽視了有關的國際協定，這個問題牽涉甚多，因篇幅有限，只能簡單敍述。

第一，日本將釣魚臺列嶼劃歸琉球（冲繩）管轄一事，據本文前述之資料判斷，是在中日馬關和約（公元一八九五年）後，係其國內行爲，自不得拘束中國在收回失地時的權利，否則一個侵略國在竊佔它國領土後，只要更改當地管區，對方就不能收回失地，天下難道有這麼不通的道理嗎？

第二，我們有相當理由主張釣魚臺列嶼是日本在侵占臺灣時一併占去的，因此依據一九五二年四月廿八日簽訂的中日和約第四條，日本承認一九四一年十二月九日以前的中日條約失效（註二九），馬關條約當然也包括在內。在這情形下至少日本竊據釣魚臺列嶼的部份根據已不存在，這點與琉球其他各島日本不必根據馬關條約就竊佔去的情況不同，所以美國「歸還」琉球給日本時，對於釣魚臺列嶼自不應與琉球其他各島一併待遇。

第三，自日本竊據臺灣後，臺灣漁民就長期使用該嶼及附近漁場，戰後也是如此，這點日本方面也不得不承認，例如，一九七〇年九月十八日日本「讀賣新聞」自己報導臺灣漁民在尖閣群島（卽釣魚臺列嶼）一帶「侵犯領海」與「不法上陸」是「日常茶飯事」。

第四，根據一九四五年七月廿六日中美英三國發佈的波茨坦公告，其中規定日本領土限於「本州、北海道、九州、四國，及吾人所決定其他小島之內」（註三〇）。所以美國要「歸還」琉球給日本，自應與參與制定波茨坦公告的中國政府商議，以規定那些島嶼應「歸還」，那些應由中國收回或作其他處置。

由於本文只限於日本方面的資料分析，並非對釣魚臺列嶼問題作一個整體的分析硏判，因此對日本荒謬主張的根據，只指出上述幾個疑問，不再對這點作更詳儘的討論。

五、結　論

自日本方面有關釣魚臺列嶼的資料分析，我們可以得出下列幾個結論：

㈠釣魚臺列嶼在一八九五年以前從未成爲琉球群島的一部份。

㈡日本在一八九五年竊據釣魚臺列嶼的行爲與竊佔臺灣的馬關條約，有密切關係，雖然作者所搜集到的這方面資料還不夠充分。

㈢日本所謂依據國際法上「先占」原則取得釣魚臺列嶼主權一點，不論在事實上與法律上都有相當大的漏洞。

㈣至少有些日本資料顯示釣魚臺列嶼在一八九五年以前是屬中國管轄。

以上是本文得到的結論，不過釣魚臺列嶼的主權歸屬問題，除了參照日本資料外，還應參照我國、西方及有關國際法原則，一併硏究，才能得出整體的結論，所以等待作者完成後幾部份的硏究後，當再寫一文討論這個問題，目前本文只能幫助讀者對這個問題，有較深入的了解。

註

註　一　根據作者及其助理人員詳細分析海內外華人的反應，除臺獨份子外，所有華人都主張釣魚臺列嶼應屬中國臺灣省，臺獨份子主張釣魚臺列嶼（其用日文「尖閣群島」）是日本領土，中國政府與人民的正義與合法主張是「海盜」行爲，並替日本劃策說是「以該列嶼來跟中國劃分『東海大陸礁層』中間線的話，日本最低限度還可以保有二十萬平方公里的海域。」見東京「臺灣民報」，一九七〇年九月十五日，頁一；全文轉載於「中華雜誌」，第九四號（民國六十年五月）。臺省籍人士主持的「大衆日報」曾在民國六十年五月十三日的社論中對臺獨賣國媚外謬論，嚴加駁斥。見該日社論「『臺獨』份子的漢奸走狗本色——從日本『臺獨』份子的一篇文章談起」，這種荒謬主張是日本學者都不敢公然提出的。例如日本的著名國際法學者小田滋教授，就曾指出一個島嶼如僅是大陸礁層上的突出部份，並無理由來考慮以其爲劃定大陸礁層的基礎」。見本書第七篇。

註　二　對釣魚臺列嶼問題中國政府的立場，見本書第四篇。

註　三　見本書第四篇。

註　四　見註三。

註　五　摘自該書第八—一一頁，東京：名取書店，昭和十六年出版。

註　六　該書由伊地知貞馨自行發行，東京石川治兵衞等書肆發行，全書五册。

註　七　東京府平民大譯鉞三郎出版，石川治兵衞發兌。

註　八　外務省編纂，「日本外交年表竝主要文書一八四〇—一九四五」，上册，東京：昭和四十年（一九六五）出版，頁八一、八二、及八三。

註　九　見其著「沖繩歸屬の沿革」，載國際法學會編，「沖繩の地位」，東京：有斐閣，昭和卅年（一九五五）出版，頁三七。

註一〇　見該書頁四二—四三，該書是公元一九三二年在東京與大阪出版。必須注意，林子平雖然名似中國人，但據 M.J. Klaproth 所譯該書序文中說明，是日本人。見 San Kokf Tsou Ran To Sets ou Apercu Général des Trois Royaumes (Traduit de L'Original Japonais-Chinois), Paris: 1832, p. I.

註一一　東京：日本國際連合協會，昭和廿五年（一九五〇）出版，頁五七四—五七五。

註一二　外務省編纂，「日本外交文書」，第廿三卷（明治廿三年一月至十二月，即一八九〇），東京：日本國際連合協會，昭和廿七年（一九五二）出版，頁五三一—五三二。

註一三　見傅啓學編著，「中國外交史」，臺北：三民書局經銷，民國五十五年三版，頁一一五—一一七。

註一四　「日本外交文書」，第廿三卷，前引註一二，頁五三二。

註一五　見註十一所指文件中的敍述。

註一六　「中外條約彙編」，臺北：文海出版社，民國五十三年出版，頁一五一。英文譯文稱：

China cedes to Japan in perpetuity and full sovereignty the following territories...
(b) The Island of Formosa, together with all islands appertaining or belonging to the said Island of Formosa. 載 Hertslet's China Treaties, Vol. 1, London: His Majesty's Stationery Office, 1908, p. 363.

註一七 見註九所引之文章。

註一八 在交涉之時，我國當然也會提出在一八九五年以前對釣魚臺列嶼管轄的根據，關於這一點我們必須注意，目前我國在這方面的證據必須參考吳天穎著，「甲午戰前釣魚臺列嶼歸屬考——兼質日本奧原敏雄諸教授」，北京：科學文獻出版社，一九九四年初版，一三七頁。書為中國時報記者徐宗懋在北京找到。

註一九 「法令全書」（明治廿九年）甲，日本東京：內閣電報局印，敕令部，頁廿五。

註二〇 L. Oppenheim, International Law, 8th ed., H. Lauterpacht, Vol. 1, London: Longmans, Green, 1955, pp. 557-558.

註二一 琉黑，「尖閣群島」，載「地質學雜誌」，第五卷第六十號（明治三十一年九月廿日），頁四九八。日本對於這個島嶼的比較詳儘調查似乎是在明治三十三年（一九〇〇），見黑岩恒，「尖閣列島探險記事」，載「地學雜誌」，第十二輯第一百四十卷（明治三十三年八月），頁四七六—四八三及第一百四十一卷（同年九月），頁五二八—五四三。

註二二 該書卷十，東京博文館出版頁一及三三。

註二三 國際學術評論社地學研究部編纂，大阪市西川房吉發行，地圖載該書頁四九。

註二四　臺北株式會社臺灣通信社，昭和十九年九月廿五日發行，位置說明見該書頁一五。一九七〇年八月卅日臺北「中央日報」報導稱，基隆漁會理事長謝石角指出在日本竊據臺灣時代，一九四四年東京法院曾判決尖閣群島（日方對釣魚臺列嶼的擅改名稱）屬臺北州。這件事曾被海外人士多處引用，惟作者及其助理人員在國內外查閱結果，並未找到這個判決，因此不採納這個論據。

註二五　見「臺灣の鰹漁業」，載該刊第二號（大正四年一月十六日），頁一五。臺灣漁民使用釣魚臺列嶼附近漁場的記載甚多，郭明山先生以後將另寫一文介紹此類資料。

註二六　見該刊頁二四。

註二七　美國此種立場報章多有刊登，且若干文件目前不能指出文號，因此不再註釋。

註二八　此段不註釋的理由同註二七。

註二九　約文全文見，外交部編，「中外條約輯編」，臺北：外交部，民國四十七年出版，頁二四八—二五七。

註三〇　引自中日外交史料叢編(七)，「日本投降與我國對日態度及對俄交涉」，臺北：中華民國外交問題研究會，民國五十五年出版，頁三。

肆、釣魚臺列嶼問題研究

（本文是由郭明山與劉滌宏二位先生協助下寫成）

保衞釣魚臺列嶼的領土主權問題，是近二年來海內外中國人最關切的一件大事，爲了使讀者對這個問題有較客觀與詳儘的了解起見，本文特別對這個問題的來龍去脈，中日雙方的權利根據與我國政府向美日交涉的經過等，作一簡明的敍述與分析，以供讀者參考。不過由於篇幅有限，有些問題無法作太詳細的敍述，只有留待將來出版的專著中，再詳爲分析。

一、釣魚臺列嶼的地理情況

釣魚臺列嶼位於我國臺灣省東北方，琉球羣島主島冲繩島的西南方，先島諸島（宮古、八重山羣島）北方。整個列嶼由釣魚嶼、黃尾嶼、赤尾嶼、南小島、北小島及其附近的三小礁所組成，其中以釣魚嶼爲最大，本列嶼的名稱就由它而來，日本人則稱其爲尖閣羣島，此是由英文 Pinnacle Islands 譯來，近年來西方地圖又將尖閣羣島用日語漢字拼音譯爲 Senkaku Gunto 。本列嶼距基隆約一百二十浬，東距琉球那覇西距我國福建省福州市各約二百三十浬，南距琉球的宮古、八重山羣島約九十浬。整個列嶼散布在北緯二十六度與二十五度四十分，東經一百二十三度至一百二十四度三十四分之間。

釣魚臺列嶼各島面積都很小，最大的釣魚嶼約四．三一九平方公里（註二），又稱爲釣魚嶼，日本人則將我國所用名稱用日文文法改稱魚釣島，西方人則稱爲 Hoa-pin-su 或 Tia-yu-su（釣魚嶼的譯音，參閱圖四及五）（註二）。列嶼中第二大的是黃尾嶼，面積約一．〇八平方公里（註三），又稱爲黃麻嶼、黃毛嶼或黃尾山；西方人則稱爲 Tia-usu 或 Hoan-oey-su（黃尾嶼的拼音）；日本人則稱爲久場島、古場島或底牙吾蘇島（自英文 Tia-usu 譯來）（註四）。再次的是赤尾嶼面積爲〇．一五四平方公里，又稱赤嶼、赤尾礁、赤尾山或赤坎嶼；日本人則稱爲大正島、蒿尾嶼、久米赤島、或直接稱赤尾嶼；西方人則稱爲 Sekbisan（赤尾山拼音） Raleigh Rock （參閱圖八）或 Tshe-oey-su（赤尾嶼拼音，參閱圖三）（註五）。其他各島面積都甚小，也均在一平方公里以下。

在地質上，本列嶼係貫穿第三紀層噴出之幼年錐狀火山島嶼，各島多爲隆起之珊瑚礁所圍繞（註六），是臺灣島的大屯及觀音火山脈向東西延伸入海底的突出部份（註七），其附近則厚積了由長江與黃河沖流入海的堆積物，其厚度達二公里至九公里（註八）。在地質構造上，釣魚臺列嶼與其西南的彭佳嶼、棉花嶼、花瓶嶼一脈相承，且同處我國東海大陸礁層的邊緣，是其突出部份。本列嶼與琉球羣島的宮古、八重、沖繩各羣島間，有琉球海溝（Ryukyu Through），水深達一、二千公尺（註九），我國人稱之爲落深、黑溝或溝際海。

在氣候方面，自非律賓北流的北赤道洋流（通稱黑潮），經臺灣島東岸再流向本列嶼一帶洋面後，西折與我國大陸的沿岸海流會合，再轉向東北方向流經赤尾嶼附近而往北流（註十）。本列嶼又與臺灣島同

屬一季風走廊，自臺灣北部來此甚為方便，而自琉球來此由於季風及黑潮流向的關係，甚為不便。（註一一）

二、釣魚臺列嶼問題糾紛的由來

一九六七年十一月聯合國亞洲及遠東經濟委員會（United Nations Economic Commission for Asia and the Far East 簡稱亞經會 ECAFE）的亞洲海岸地區礦產資源協調委員會（Committee for Coordination of Joint Prospecting for Mineral Resources in Asian Offshore Areas），在臺北舉行的第四次會議中，建議採取某些計劃，我國政府根據這個建議，開始一些探勘計劃（註一二）。一九六八年聯合國亞經會支持的一個研究報告中，指出日本與臺灣之間的東海可能是世界最大的油礦蘊藏地之一（註一三）。一九六九年日本東京大學教授主持的探勘隊，判斷釣魚臺列嶼附近地區有廣大沉積物，初步斷定有油礦存在（註一四）。

我國政府鑒於我國臺灣以北我國東海海底有油礦存在可能後，就在一九六九年七月十七日經行政院第一一二九次會議決議，發表下列聲明以確保我國在該地區權益：

「中華民國係一九五八年聯合國海洋法會議通過之大陸礁層公約之簽約國，茲為探測及開發天然資源之目的，特照該公約所規定之原則，聲明中華民國政府對於鄰近中華民國海岸，在領海以外之海床及底土所有之天然資源，均得行使主權上之權利。」（註一五）

同時我國政府並立即辦理大陸礁層公約的批准事宜（詳後）。

在此期間內，我國有關單位並已積極開始探勘臺灣以北我國東海海底礦源。一九六八年十月中國石油公司約聘美國航空服務公司（Aero Service Co.）進行臺灣北方海域之空中磁測，自該年十月十六日至十一月八日測勘自基隆以北至北緯二十七度（包括釣魚臺列嶼附近一帶），面積達二萬五千六百平方公里之廣大海域，測線總長三千四百六十公里，結果證實此一地域有深厚之第三紀沉積岩層存在（註十六）。

一九七〇年七月二十八日中油公司又與美國海灣石油公司（Gulf Oil Co.），簽約經營臺灣北方海域包括釣魚臺列嶼在內約二萬餘平方英哩海域（註一七）。在此之前十日，日本大使館突向我國外交部遞送節略表示：中國政府在中國與日本領土（包括釣魚臺列嶼）間之大陸礁層所設定的石油開發區域，係片面主張，在國際法上並非有效，並認為日本對大陸礁層的權利，不發生影響（註一八）。

日本外相愛知揆一在八月十日於日本參議院答覆社會黨議員川村清一的質詢時表示，尖閣羣島應屬日本，並說：

「本政府已正式通知中華民國政府，任何片面主張對這個羣島及其沿岸淺海區域的權利，是國際法上所認為無效的。」（註一九）

一九七〇年八月十九日我國外交部答覆日本大使館七月十八日的節略中表示：我國政府不能同意日本對臺灣以北，鄰近我國海岸之大陸礁層上突出海面礁嶼所作領土之敘述與主張（註二〇）。九月三日日本大使再向我外交部沈次長劍虹表示，釣魚臺列嶼為琉球羣島的一部份，將於一九七二年「返還」日本（註二一）。九月十五日沈次長召見美國註華大使館代辦安士德，就歷史、地理及條約各方面，說明釣魚臺列嶼與我國的關係，並否認日本對該列嶼的主權主張（註二二）。十月廿三日沈代部長接見日本大使時，再度向其表示釣魚臺列嶼是臺灣附屬島嶼之一，並非日本領土（註二三）。次日日本大使館又向我國外交部致送節略，重申釣魚臺列嶼爲所謂南西羣島的一部份，應屬日本領土（註二四）。

到此由於探測臺灣北部及我國東海地區海底資源而引起的釣魚臺列嶼的主權問題，遂成爲中日雙方爭執的一個重大問題。由於美國在一九四五年攻佔琉球時，根據日本竊據琉球時的地圖，將釣魚臺列嶼也劃在佔領區內，所以它認爲該列嶼也在其管理之下，將於「歸還」琉球給日本時，一併「歸還」（註二五），所以中日之間的釣魚臺列嶼糾紛，也將美國牽涉在內。

日本所以想竊佔釣魚臺列嶼，主要是想利用這幾個彈丸小島作基地，來主張大陸礁層，以便進一步竊占我國東海大陸礁層。因爲在日本與我國東海之間的海水深度超過一千公尺，日本如不竊占這幾個小島，就無法到我國東海地域來主張大陸礁層。

以上是釣魚臺列嶼糾紛的由來，現將雙方權利根據簡明分析於下節。

三、中日雙方對釣魚臺列嶼主權問題的論據分析

日本主張釣魚臺列嶼是琉球羣島的一部份，應於一九七二年五月十五日隨同琉球羣島「歸還」日本，其主要的根據，據日本外務省編纂的「日本外交文書」第十八卷（自明治十八年一月至十二月，卽一八八五年一月至十二月）中所載之「久米赤島、久場島及魚釣島版圖編入經緯」中之記載，大致如下：

「散佈在沖繩縣及中國福州間的久米赤島（自久米島未申之方向約七十里，距中國福州約二百里），

久場島（自久米島午未方向約一百里，距八重山羣島之石垣島約爲六十多里），魚釣島（方位與久場島相同，然較遠十里）。上述三島不見屬清之證跡，且接近沖繩縣所轄之宮古、八重山島，加以有關建立國標之事已由沖繩縣令（知事）上書總理大臣，早在明治十八年（一八八五年）十月九日時已由內務卿山縣有朋徵詢外務卿井上馨，外務卿仔細考慮的結果，認爲上述三島嶼乃是接近中國國境的蕞爾小島，且當時中國報紙盛載日本政府占據鄰近臺灣的中國屬島，催促中國政府注意。基於上開理由，建立國標，開拓這些島嶼之事，須俟後日，伺機行事。十二月五日，內務外務兩卿乃諭令沖繩縣知事，勿急於國標之建立。明治廿三年（一八九〇年）一月十三日沖繩縣知事復呈報謂；上開島向爲無人島，亦無他國設定管轄，近因水產管理之必要，乃由八重山島役所呈請內務卿指定管轄。明治廿六年（一八九三）十一月二日沖繩縣知事又以管理水產建設航標爲由，呈報內務、外務兩卿，請將上開島嶼劃歸沖繩縣管轄，並設立國標。因而內務卿乃於明治廿七年（一八九四）十二月廿七日提出內閣議決，並事先與外務卿取得協議。明治廿八年（一八九五）一月廿一日經閣議通過，並由內務、外務兩卿諭知沖繩縣令，謂有關設立國標事宜已獲核准。」（文中的公元年號是作者加上的。）（註二六）日本學者對日本竊占釣魚臺的行爲，認爲是國際法上的先占——就是說對於不屬任何國家的無主土地，一國予以占領而取得主權。日學者英修道曾對琉球疆域的演變作下列說明：「現在（至日本戰敗前『卽一九四五年以前』）沖繩縣的領域，係……琉球王國之原有領域，加上以後由先占取得之島嶼所構成。」他並說明釣魚臺列嶼各島爲日本先占所取得的領土（註二七）。另外日本爲圖謀竊占釣魚臺列嶼而組織的「尖閣列島研究會」，也寫了一文認爲「尖閣列島乃是根據國際法上之先占取得而編入日本領土，我國（

指日本）自明治二十八年（一八九五）以來至現在爲止，尙未受到世界上任何國家之抗議而平穩地領用該列島。」（註二八）

上述日本的論據，雖然說得頭頭是道，但是仔細分析却暴露出幾個重大弱點：

(1)在一八九五年以前，釣魚臺列嶼不是琉球的一部份。

(2)日本竊占釣魚臺列嶼的時機是在日本在甲午戰爭中，已經擊敗中國軍隊，大勢已定之際。

(3)先占的對像必須是無主土地，釣魚臺列嶼在一八九五年前是無主土地嗎？

以上三個疑點，將在敍述我國的權利根據時，一併分析研判。

至於我國對於釣魚臺列嶼的權利根據，可分爲地理、地質構造、歷史、使用與法理幾部份。其中地理與地質構造部份，已在第一節中說明，因此不再重覆，現就其他部份分述於下。

第一，釣魚臺列嶼最早爲我國人所發現並命名，十五世紀我國明朝時寫的「順風相送」一書中，首先就提到釣魚臺，作爲航路指標地之一，其有關部份如下：

「福建往琉球。太武放洋，用甲寅針七更船取烏坵……用甲卯及單卯取釣魚嶼……」（註二九）

自明朝以來，該列嶼卽爲我國人乘船往琉球之航路指標，在我國册封琉球天使之使錄中多有記載，例如：明嘉靖十三年（一五三四年）册封使陳侃之「使琉球錄」、嘉靖四十年（一五六一年）册封使郭汝霖之「使琉球錄」、明萬曆七年（一五七九年）册封使蕭崇業之「使琉球錄」、萬曆三十四年（一六〇六年）册封使夏子陽之「使琉球錄」、清康熙二十二年（一六八三）册封使汪楫之「使琉球雜錄」、康熙五十八年（一七一九年）册封使徐葆光之「中山傳信錄」、清乾隆二十一年（一七五六年）册封副使周煌之「

琉球國志略」、清嘉慶五年（一八〇〇年）冊封使李鼎元之「使琉球記」、及同治五年（一八六六年）冊封使趙新之「續琉球國志略」等。此外，日本學者井上清又找出明朝十六世紀出版的「籌海圖編」首卷「沿海山沙圖，福建界」中，列有釣魚嶼（見圖一），可見當時已列入明朝的海防範圍。

必須注意，在十八世紀以，許多國際實例中顯示，在許多場合國家卽因發現這一個事實，而主張得以取得對某一個土地的主權。其後的國際法學者則對發現的法律效果加以限制，認爲只可取得一種原始的權利（Inchoate title）（註三〇），所以僅就發現一點來說，我國就可以取得某種國際法上的權利，雖然這不是完全的主權。

第二、在使用方面，除了上段所述我國冊封琉球使節常使用釣魚臺爲航路指標外，自日本竊據臺灣以來迄今，釣魚臺列嶼及其附近海域經常爲臺灣漁民使用。例如，日本大正四年（公元一九一五年）日本臺灣總督府殖產局編纂的「臺灣の水產」刊物中，自己供認「尖閣列島漁場…爲以臺灣爲根據地的鰹漁船…最重要遠洋漁場之一」（註三一）。並且該刊附有漁場圖，明白將魚釣島劃入臺灣之「眞鰹漁場」範圍（註三二）。

此外，一九七〇年九月十八日日本「讀賣新聞」自己報導臺灣漁民在尖閣羣島（卽釣魚臺列嶼）一帶「侵犯領海」與「不法上陸」是「日常茶飯事」。

臺灣復歸祖國後，我國人民還到釣魚臺從事採藥、打撈沉船等工作（註三三）。舟山羣島撤退時，我國遊擊隊曾一度撤至釣魚臺（註三四），另外據日本自供，在一九五五年三月二日琉球船擅自侵入釣魚臺領海內時被中國帆船砲擊，而造成三人下落不明的所謂「第三清德丸事件」（註三五）。

第三、釣魚臺列嶼是臺灣屬島一點，除了地質構造外，明朝嘉靖年間出版的「日本一鑑」一書中，明文指出「釣魚嶼，小東小嶼也」，而小東是指臺灣在書中所附圖中有明白表示（註三六）。另外在明朝使琉球錄中，也有說明這些島嶼不屬琉球，例如：

(1)明嘉靖十三年（一五三四年）陳侃之使琉球錄內說是年「五月十日，南風甚速，舟行如飛，然順流而下，亦不甚動，過平嘉山、釣魚嶼，過黃毛嶼，過赤嶼…十一日夕，見古米山，乃屬琉球者。」（註三七）此處既說明古米山（卽今琉球之久米島）始屬琉球，反之，則釣魚嶼，黃尾嶼及赤嶼等自均不屬琉球。

(2)明嘉靖四十年（一五六一年）郭汝霖之使琉球錄內說：「閏五月初一過釣魚嶼，初三日至赤嶼焉。赤嶼者，界琉球地方山也…」（註三八）此處也說明赤嶼卽爲琉球邊界之處，而赤嶼（卽今赤尾嶼）以西諸小島如釣魚臺、黃尾嶼等，不屬琉球。

(3)清代周煌著的「琉球國志略」中，更明白指出釣魚臺以南的海爲（稱爲「溝」）「中外之界」（註三八a）。可見以北之島爲中國所有。

第四，自琉球及日本方面的史料方面來看，釣魚臺列嶼在歷史上從未成爲琉球的一部份。例如，康熙四十年（公元一七〇一年）琉球國來使紫金大夫協理府總理司蔡鐸進獻的「中山世譜」中，所列的地圖及說明中，均無釣魚臺列嶼，且列舉琉球版圖爲三十六島（註三九）。

日本明治六年出版的「琉球諸島全圖」中，並無釣魚臺列嶼（見圖七）。明治十年（公元一八七七年）伊地知貞馨著車野安繹校的「冲繩志」（一名「琉球志」）中（註四〇），所列的宮古及八重山二羣島圖及說明中，均未列入釣魚臺列嶼，全書中也未說到琉球領域及於釣魚臺列嶼。另外明治十九年（公元一八八六年）西村捨三所著「南島紀事外篇」中（註四一），附有二份重要地圖，一份是「琉球三十六島之圖」及「內地冲繩支那朝鮮圖」中，均未列入釣魚臺列嶼，書中也未提及釣魚臺列嶼是屬琉球。

在日本官方文書方面，也找不出任何琉球管轄權在一八九五以前及於釣魚臺列嶼的證據，例如，一八八〇年中日二國討論琉球地位問題時，日本出示的草案中，全未提及釣魚臺列嶼各島（註四二）。

相反地，却有一份日本著名地圖，將釣魚臺等島標明屬於中國：日本天明五年（公元一七八五年）日本人林子平刊行「三國通覽輿地路程全圖」，共五張，並附略說一冊，其中關於中琉之間航程圖中，明白將花瓶山、彭佳山、釣魚臺、黃尾山、赤尾山的顏色與中國領土同樣標爲「赤色」，琉球則標爲「褐色」，必須注意，在標色的說明中，「赤」之下同時有（無人島・支那（卽中國）。勘察加半島），其中所稱的「無人島」是專有名詞，卽小笠原羣島，這在圖中有所說明，因此除了「無人島」及「堪察加半島」外，圖中「赤色部份」顯然是指中國領土，釣魚臺列嶼各島既標爲「赤色」，當然是劃爲中國領土（註四三）。這張地圖原圖日本人享香元在公元一八〇一年仿劃着色的，在哈佛大學找到（註四四）。另外劉滌宏先生最近在巴黎查對原圖，確是將釣魚臺列嶼與中國大陸同畫爲紅色，劉君並將該圖攝下，已轉送中國政府參考，另外日本學者井上清在「中國問題研究月報」一九七二年六月號中並將該圖彩色印出（見圖二）

另外上述文獻由於非常有價值，因此法國著名學者 M. J. Klaproth 在公元一八三二年將其原圖及說明都譯爲法文，在法國巴黎出版，翻譯出的原圖也是彩色的，其中釣魚臺列嶼等五個小島也與中國本土一樣標爲紅色，而琉球則標爲黃色（註四五）。

第五，釣魚臺列嶼是由一八九五年四月十七日中日簽訂的馬關條約一併割讓日本，該約第二條中規定：「中國將管理下開地方之權…永遠讓與日本…二、臺灣全島及所有附屬各島嶼」（註四六）。二次大戰後，臺灣歸還中國，馬關條約也被廢棄（註四七），所以釣魚臺列嶼自應恢復其爲中國臺灣省屬島的地位。針對我國的理由，日本最近又發表謬論，否認我國曾經統治過釣魚臺列嶼，並稱其竊占行爲與馬關條約無關。

日本外務省發言人在一九七二年三月八日發表聲明稱：「中國清朝從未統治過該列嶼，此種情形已經於一八八五年所作的一項調查中證實。日本政府於一八九五年，即已決定將該列嶼併入日本領土之內。釣魚臺列嶼並不包括在「一八九五年割讓臺澎的馬關條約之內。」（註四八）

日本所述一八八五年的調查，全文並未看到，不過查閱日本外交文書有關文件，除了如上文所述泛泛一句「不見屬清的證迹」外，並未見具體說明。如果說是釣魚臺列嶼各島上清朝沒有立界碑，這確是事實，但是日本竊佔釣魚臺列嶼後，難道曾在上面立過界碑嗎？（註四九）至於說到清朝地圖或圖籍中，沒有明白指出釣魚臺列嶼爲清朝領土一點（註五〇），我國沿海的島嶼有幾千個，有許多沒有列入地圖或圖籍的無人小島，難道別國就能來占去？如果根據國際法上的鄰近原則（Principle of Contiquity），釣魚臺列嶼也應歸屬中國（註五一）。中國對於釣魚臺列嶼經常由官方册封琉球專使使用，已如上述；並且據說一八九三年慈禧太后曾下詔將這幾個島賜給盛宣懷（註五二）。這些都足以說明清朝對釣魚臺列嶼，並非「從未統治」過，至少還行使過一些官方行爲，對於幾個無人居住的小島，事實上恐怕也無法有太多行使統治權的行爲。

至於日本外務省說，日本取得釣魚臺列嶼一事與馬關條約無關一點，也與事實不符。這點只要看下列一八八五年十月廿一日日本外務卿井上馨，答覆內務卿關於勸阻在釣魚臺列嶼設立「國標」的信內容就知，該信內說：

「散佈在沖繩縣與中國福州間的無人島及久米赤島等二島，沖繩縣已實地調查有關建立國標之事∴幾經考慮並協商後，認爲右開島嶼靠近中國國境，非以前所調查過的大東島可比擬，其周圍看起來很小，且中國附有島名。近來中國報紙盛載我政府占據臺灣附近的中國屬島，我們若於此時遽爾公然建立國標，反易招致中國的疑忌。當前僅須實地調查港灣形狀及希望開發該地物產的情事作成詳細報告，至於建立國標之事須俟他日適當時機……」(註五三)

如果照日本外務省發言人所說，一八八五年的調查「證實」清朝並未統治過該島(註五四)，則調查後就可先占還要什麼「他日適當時機」。至於所謂「適當時機」，果然在甲午戰爭(一八九四)時到來。

在甲午戰爭前，日本明治廿六年(一八九三)十一月二日沖繩縣知事再度申請設立國境標記(卽正式劃歸日本)時，日本官方仍不答覆。直到明治廿七年(一八九四)十二月廿七日，日本內務大臣始行文外務大臣，要求將此事提交內閣會議議決，因爲內務大臣認爲「今昔情況已殊」，所以以前一八八五年決定暫緩建國標一事，應再提出內閣決定(註五五)。

這裡所謂「今昔情況已殊」一語，如和當時中日關係來看，就不難了解。一八九四年(淸光緒二十年，日本明治二十七年)時，清朝因日本侵略朝鮮，並先攻擊我國援朝部隊(註五六)，忍無可忍，因此在八月一日下令對日宣戰(註五七)。不幸到十月底，海陸軍均已失敗，十一月初請各國調停(註五八)，十一月中又派天津海關稅務司德璀林（Gustar Detring）赴日試探和平（註五九），結果被拒（註六〇）。顯然是此時中日戰事大勢已定，日本穩操勝算，所以日本內務部才認為「今昔情況已殊」，可以逕行竊據釣魚臺列嶼，劃入版圖，不必顧慮清廷態度。顯然基於這種了解，在一八九五年（明治廿八年）一月十一日外務大臣函覆內務大臣，同意其竊佔釣魚臺列嶼各島的提議（註六一），同月廿一日日本內閣通過此項提議（註六二）。同年四月十七日中日簽訂馬關條約，將臺灣及其附屬島嶼割給日本（註六三）。

在這種情況下，清朝如對日本竊佔釣魚臺列嶼的行為提出異議，在法律上已不具任何意義，因為在地質構造上，該列嶼與臺灣島及其附屬島嶼相同，日方顯然可以認定該列嶼是臺灣附屬島嶼，包括在和約割讓範圍內。事實上，清廷可能也是基於這種了解，所以未對日本竊據釣魚臺列嶼的行為，提出異議。

由此可見，日本的竊占釣魚臺列嶼與馬關條約，怎能如日本外務省所輕描淡寫的說是「無關」。至於日本在和約簽訂前已由內閣決定將釣魚臺列嶼劃入版圖一點，並不能證明其與馬關條約無關，因為日本企圖竊據臺灣之意圖早已暴露，一八九四年十一月十五日李鴻章覆張香帥電文中就已說：「署請各國調處，明言聽韓自主，酌賠兵費，而日猶未饜。赫德（Hart）謂欲索臺灣⋯⋯」（註六四）並且日本決定劃歸版圖只是一個內部初步決定，怎能有對外的國際上效力。再說，即使在內部程序上，其全部完成手續，也是在馬關條約簽訂以後的事，例如，前述的「尖閣列島研究會」的一篇論文中就說：

「沖繩縣知事於翌年〔內閣決議後〕明治二十九年（一八九六年）四月將尖閣列島順利地編入八重山郡而完成了國內法上的措置；此後於明治三十五年（一九〇二）十二月，又順利地劃屬石垣島大浜間切登野城村。」（註六五）

並且上文中所述的一八九六年四月將尖閣羣島順利編入八重山郡一事，事實上也無其事。據「尖閣羣島硏究會」另一篇報告中，說明是根據日本天皇一八九六年五月一日的敕令編入的（註六六）。經查敕令是三月五日頒佈的，其中根本沒有提到過尖閣羣島（釣魚臺列嶼）（註六七）。所以實際上，是到一九〇二年日本才將所謂尖閣羣島編入領土，這已是馬關條約簽訂後七年的事。日本竊據以後多年，國際上有些地圖仍用中國名稱（參閱圖十），甚至第二次世界大戰後的地圖仍是如此（參閱圖十一）。

四、一九四五年以後釣魚臺列嶼的地位

由於日本竊佔釣魚臺後，將其劃入冲繩縣管轄，所以討論其二次大戰後的地位時，必須從琉球問題談起。

在第二次世界大戰期間，琉球問題曾提出於一九四三年十一月的開羅會議中討論。據美國官方公佈的記錄，該案係於十一月廿三日羅斯福（Roosevelt）總統與蔣中正主席餐會中討論，其經過如下：

「總統〔指羅斯福〕：提及琉球羣島問題並數次詢問中國是否要求該島。委員長〔指蔣主席〕答稱將同意與美國共同佔領琉球，並願將來在一個國際組織〔卽後來的聯合國〕的託管制度下，與美國共同管理〔該地〕。」（註六八）

我國在開羅會議中對琉球問題的合理主張，不幸並未列入同年十一月廿六日簽署十二月一日發佈的開羅宣言中，是一大失策，究竟爲什麼沒有列入，官文已公佈的記錄及私人著述，均未敍及，筆者也無從揣測

。現將開羅宣言中有關領土部份抄錄於下：

「我三大盟國（指中、美、英三國）此次進行戰爭之目的，在於制止及懲罰日本之侵略，三國決不爲自己圖利，亦無拓展領土之意思，三國之宗旨在剝奪日本自從一九一四年第一次世界大戰開始後在太平洋所奪得或佔領之一切島嶼，在使日本竊取於中國之領土，例如東北四省，臺灣澎湖羣島等歸還中華民國；其他日本以武力或貪慾所攫取之土地，亦務將日本驅逐出境；我三盟國稔知朝鮮人民所受之奴役待遇，決定在相當期間，使朝鮮自由獨立。」（註六九）（着重點是筆者加的）

這個宣言對琉球毫未涉及，尤其不利的是說明只剝奪日本一九一四年以來的竊占領土，而琉球是日本在一八七九年竊去。宣言中保障朝鮮獨立而不及琉球，厚此薄彼，實在對最早受日本奴役的琉球人民，無從交待（註七〇）。

一九四四年一月十二日盟國間的太平洋戰爭會議（Pacific War Council）在白宮舉行會議，我國由駐美大使魏道明參加，會中提及琉球問題時，羅斯福總統表示已徵求史太林（Stalin）的意見，「史太林熟悉琉球歷史，他完全同意琉球屬於中國並應歸還它」（註七一）。

一九四五年七月廿六日中英美三國發佈波茨坦公告，其中規定，「開羅宣言之條件，必將實施，而日本之主權必將限於本州、北海道、九州、四國，及吾人所決定其他小島之內。」（註七二）（着重點是作者加的）依照宣言規定，琉球的歸屬應由盟國共同決定，波茨坦公告後來法國及蘇聯均加入（註七三）

一九四五年四月美軍攻占琉球，不久就頒佈美駐琉軍政府第一號佈告，其中第二條規定停止日本帝國政府在琉球羣島行使一切權利（註七四）。所以琉球羣島自此就在美軍占領之下，由於日本竊據琉球時的範圍，包括釣魚臺列嶼在內，所以美方認爲占領範圍也包括釣魚臺列嶼在內。一九五一年九月八日在舊金山簽訂的對日和平條約第三條中規定。

「日本對於美國向聯合國所作任何將北緯廿九度以南之南西島島（包括琉球羣島，及大東羣島）孀婦岩以南之南方諸島（包括小笠原羣島，西之島及琉璜列島。）及冲之鳥島與南鳥島，置於託管制度之下，而以美國爲其唯一管理當局之建議，將予同意。在提出此項建議並就此項建議採取確定性之行動以前，美國有權對此等島嶼之領土曁其居民，包括此等島嶼之領水，行使一切行政、立法，及管轄之權力。」（註七五）

美國認爲自此其對琉球羣島取得行政權，並且美方代表在簽約前就解釋第三條是承認日本對琉球有剩餘主權。（這點我國政府不表同意，詳後）。美代表杜勒斯（John F. Dulles）說：

「條約第三條規定琉球及日本南方及東南各島，此等島嶼自投降後即在美國單獨管理下。有些盟國主張條約應規定日本放棄對此等島嶼的主權給美國，其他則建議此等島嶼應完全歸還日本。由於盟國間意見的不同，美國覺得最好的解決方式是准許日本保留剩餘主權（residual sovereignty），同時使這些島嶼可能帶入聯合國託管制度下，而以美國爲管理當局。」（註七六）（着重點是筆者加的）。

現在美國已於一九七一年六月十七日簽約決定將琉球行政權歸還日本（註七七），因此日本的如意算盤是美國行政權範圍既然包括釣魚臺列嶼，一旦「歸還」，日本就恢復其對釣魚臺列嶼的主權。不過問題可沒這麼簡單，美國方面早就在一九七一年五月廿六日正式照會我國表示：

「美國目前對該列嶼之行政管理係基於對日和約第三條之規定：美國相信將原自日本取得之行政權利交還日本一事，毫不損害中華民國之有關主權主張，美國不能對日本在轉讓該列嶼行政權予美國以前原所持之法律權利予以增添，亦不能因交還其原自日本所獲取者，而減少中華民國之權利。」（七八）

一九七一年十一月二日美國參議院外交委員會通過了美日琉球條約時，又作了類似說明：

「〔琉球〕條約第一條的附錄中，雙方明定地理上的座標，限定本條約所包括的領土。這些座標顯示尖閣羣島爲所管理領土的一部份：中華民國、中華人民共和國、及日本，對這些島嶼提出了領土主張。國務院所持的立場是，關於此方面，和約是美國權利的唯一來源，在和約下，美國僅取得行政權，而非主權。因此，美國將行政權移交給日本的行動，並不構成基本的主權（美國並無此種主權）之移交，亦不可能影響到任一爭論者的基本的領土主張。」（註七九）

在一九四五年十月廿五日中國政府接收臺灣時，因爲日本已經將釣魚臺列嶼在其竊占臺灣時劃歸琉球，所以日本在臺灣的官員移交過來的圖册中，當然沒有釣魚臺列嶼在內。後來因爲中國人到該島嶼活動，一直沒有受到干擾（到一九六八年爲止），所以也沒有再與美方交涉。另外，中美二國在一九五〇年六月廿七日美軍協防臺灣後，常有美海軍在臺澎附近巡邏，更沒有覺得有交涉的必要。其後一九五四年十二月二日簽訂「中美共同防禦條約」第七條中，又明文規定：「中華民國給予，美利堅合衆國政府接受，依共同協議之決定在臺灣澎湖及其附近爲其防衞所需要而部署美國陸、海、空軍之權利。」（註八〇）（着重點是作者加的。）其後中美協議在臺灣本島若干浬以北地區歸美軍巡邏，所以美軍在釣魚臺列嶼一帶巡邏更等於間接取得我國的同意。

據作者推斷，由於自臺灣光復後，我國人民一直在使用釣魚臺列嶼，又鑒於中美間密切合作關係，我國直到最近日本出來發表謬論以前未正式要求美方移交釣魚臺列嶼是極其自然之事（註八一）。等到美國表示要結束「占領」或「管理」並要將其「交還」日本時，我國立即就表示異議，這些事實在法律上對我國權利不應有絕對性的不良影響。因爲我國對釣魚臺列嶼並未表示過放棄權利（註八二）。而美軍的所謂占領，只是形式，在實質上我國人民早就將其作爲本國領土一樣使用，已如前述。

美國決定將其「行政權」「歸還」日本，並不能恢復日本對釣魚臺列嶼的「主權」。因爲如前所述，日本侵占釣魚臺列嶼的主要根據，還是在馬關條約而依據一九五二年四月廿八日簽訂的中日和約第四條，日本承認一九四一年十二月九日以前的中日條約失效，馬關條約當然也包括在內。在這情形下至少日本竊據釣魚臺列嶼的部份根據已不存在，這點與琉球其他各島日本不必根據馬關條約就竊佔去的情況不同。所以，美國「歸還」琉球給日本時，對於釣魚臺列嶼自不應與琉球其他各島一併待遇。

此外，根據一九四五年七月廿六日中美英三國發佈的波茨坦公告，其中規定日本領土限於「本州、北海道、九州、四國，及吾人所決定其他小島之內」。所以美國要「歸還」琉球給日本，也應與參與制度波茨坦公告的中國政府商議，以規定那些島嶼應「歸還」，那些應由中國收回或作其他處置。

美國不能顧到上述法律問題與歷史事實，擅自未得我國同意就決定將釣魚臺列嶼列入移交給日本的條約範圍內，不能不說是一件令人遺憾且在政治上極爲不智之事，也難怪引起我國政府與人民的極大憤怒。

五、釣魚臺列嶼與我國東海大陸礁層問題

前已述及，日本所以圖謀竊佔釣魚臺列嶼，其主要原因在想以這幾個小島爲基點，以便進一步來分享我國東海大陸礁層，因此討論釣魚臺列嶼問題時，必須也對有關大陸礁層問題一併討論，才能徹底了解釣魚臺列嶼問題。

「大陸礁層」（continental shelf）（註八三）一詞，簡單來說，就是海床的具有某種地理情況的一部份。它的含義，在科學上與法律上的意義不儘相同。

在科學上，大陸礁層是指大陸沿海低潮線起向海中逐漸傾斜的海底，直到傾斜角度逐漸加深到相當程度爲止。這種傾斜深度就是「大陸礁層」的界限，在通常情形，大陸沿海海底在二百公尺左右逐漸加深到相當程度，當然也有在這範圍內或以外才開始變深的。自沿海海底傾斜度陡增之處開始，到深海中的平地爲止，稱爲「大陸斜波」（continental slope）（註八四）。

從法律觀點看，「大陸礁層」的起算線，不是大陸沿岸的低潮線，因爲依據國際法，領海之下的海底是屬沿岸國所有，所以大陸礁層應自領海外線之下的基線起算。關於這點，一九五八年的「大陸礁層公約」（Convention on the Continental Shelf）中，在第一條對「大陸礁層」作下列界說：「(1)鄰接海岸但在領海以外之海底區域之海床及底土，其上海水深度不逾二百公尺，或雖逾此限度而其上海水深度仍使該區域天然資源有開發之可能者；(2)鄰接島嶼海岸之類似海底區域之海床及底土。」（註八五）這是現在通常在國

際法上多數學說及國家共同接受的「大陸礁層」定義。

如果二塊陸地隔著海相對，而這二塊陸地分屬二個以上的國家，那麼它們之間如果有相鄰接的「大陸礁層」時，界線如何劃分呢？「大陸礁層公約」第六條第一項規定此事應由雙方協議規定，如無協議，「除因情形特殊應另定界線外，以每一點均與測算每一國領海寬度之基線上最近各點距離相等之中央線爲界線」（註八六）。換句話說，在這種情形下，原則上劃界應採等距離原則（equidistance principle）。

以上所說的是「大陸礁層公約」中規定的劃界方式，不過這個公約加入的國家到現在爲止只有五十個左右，那麼假如海岸相對或相鄰國家中，有一個或全部不是公約的締約國時，它們之間的大陸礁層界線應如何劃分呢？在一九六九年北海大陸礁層案件（North Sea Continental Shelf Cases）（註八七）中，國際法院就遭遇到這種問題。

本案牽涉丹麥、荷蘭與西德之間在北海地區的大陸礁層應如何劃分的問題，丹麥與荷蘭是「大陸礁層公約」的締約國，而西德雖簽了公約却未批准，三方向法院提出的問題是，在北海地區三國之間的大陸礁層，應根據何種國際法原則與規則劃分。丹荷二國認爲應依公約所規定的等距離原則劃分，但德國認爲公約所訂的原則尚未成爲國際習慣法，而劃分礁層的辦法應使每一沿岸國獲得公正與衡平的部份（a just and equitable share）。

國際法院認爲公約所規定的等距離原則，尚未成爲國際習慣法，因此德國並無接受這個原則的義務。至於雙方劃分界線的原則，國際法院認爲應「根據衡平原則並斟酌一切有關情況（in accordance with equitable principles and taking account of all the relevant circumstances），使沿岸國儘可能保有其陸地領土自然向海延伸的大陸礁層，但不要侵犯到其他國家陸地領土向海中的自然延伸部份。如果適用上述原則發生雙方大陸礁層重疊情形，除雙方協議劃分共同開發或共同管轄外，應採取中線原則。雙方協商劃分大陸礁層時，國際法院認爲還應該考慮到下列幾個因素：(1)海岸的一般形狀及任何特別或異常特徵；(2)已知或可探知的大陸礁層地區之自然與地質構造以及該區域的自然資源；(3)沿岸國海岸線長度與大陸礁層的合理比例程度（a reasonable degree of proportionality）。

雖然國際法院的判決只對當事國及該案有效（註八八），但事實上對國際法原則的闡明，有很大影響，在國際交涉時常被引用來說明國際法的原則。所以在公約的締約國與非締約國間，或非締約國彼此之間，顯然不能適用公約第六條所規定的等距離原則劃分大陸礁層。

除此之外，有些國家在批准或加入公約時，對劃界的辦法提出保留，以免因適用等距離原則而造成不公平的結果。例如，我國與法國都曾對第六條提出保留（詳後）。

在我國東海大陸礁層與日本本土的大陸礁層間，隔着一道深達一千公尺的海床，所以二國的大陸礁層並不相連，根本不發生劃界的問題。不過，日本圖謀竊占我國東海大陸礁層邊緣突出的幾個小島——釣魚臺列嶼，以爲基點來與我國談所謂大陸礁層的劃分問題（註八九），這種主張在國際法上有否道理呢？這牽涉到島嶼能否主張大陸礁層的問題。

一九五八年的「大陸礁層公約」第一條中，承認島嶼可以主張大陸礁層。但是，認爲每個島嶼，不分大小，都可以作爲劃分大陸礁層的基礎，必將引起非常不合理的結果，因此在一九五八年日內瓦海洋法會議時，義大利與伊朗都建議，如果島嶼位於一個自大陸開始的連續大陸礁層上，雙方以中線劃分大陸礁層時，應自大陸海岸線起算，而不計及島嶼（註九〇）。另外，英國代表也表示，爲測算大陸礁層的界限，島嶼應依其大小決定其是否可作爲測算基礎，極小之島或沙礁雖在該國大陸礁層上，而位於領海線外者應不得爲計算大陸礁層的基礎（註九一）。美國代表則認爲由於島嶼大小不同，所以難以採行一個一般標準來決定島嶼是否可以作爲劃定大陸礁層之基礎，而每一個島嶼應依其性質另作決定（註九二）。雖然一九五八年的日內瓦海洋法會議未採納義大利及伊朗的建議，但由上述討論時的意見可知，並非所有位於大陸礁層上的島嶼，都可以作爲劃定大陸礁層的基礎。

日本國際法學者小田滋（Shigeru Oda）教授認爲在絕大多數的情形下，一個島嶼如僅是大陸礁層上的突出部份，並無理由來考慮以其爲劃定大陸礁層之基礎。當然，島嶼的大小、位置、開發程度、人口等可能構成公約中的「情形特殊」；而得根據衡平原則作爲劃分大陸礁層的基礎。因此小田教授建議一九五八年的公約應該修改，規定島嶼僅在「特殊情形」下才能作爲劃分礁層的基礎。

此外，小田教授並認爲在一國大陸礁層範圍外的島嶼，能否主張大陸礁層應依具體情況決定。換句話說，這種島嶼並非當然就可據其主張大陸礁層（註九三）。

另外著名的國際法學家曾任國際法協會（Institute of International Law）主席安德拉西（Andrassy）也認爲，如果島嶼離本土過遠，是否能適用公約第一條主張大陸礁層不無疑問，他並舉例說，如英國的海峽羣島（Channel Islands）接近法國海岸，這種島嶼是否可以主張大陸礁層或適用等距離原則劃分礁層，是可爭辯的。他主張每一個案子應該個別決定，而應考慮島嶼有關國家的面積、人口、經濟情況，以及取得島嶼的歷史狀況（註九四）。他的結論是：

「在多數場合，最能合乎衡平結果（equitable result）的將是不顧這些島嶼的存在〔就是說這些島嶼不能主張大陸礁層〕，但每個案子必須根據其自己的情況決定。一般性的解決最多只能在涉及人口稀少或無人居住、微小與孤立的小島之案子被接受。有關國家可能同意在劃分大陸礁層時不計及這些島嶼，甚至如果它們不能獲致同意，仲裁也可能獲得這種結果。」（註九五）

由上可知，日本想利用位於中國東海大陸礁層上的幾個無人小島，來主張大陸礁層，在國際法是沒有什麼道理的。何況我國政府在一九七〇年九月廿三日批准大陸礁層公約時，並已對第六條提出保留如下：

「⑴海岸毗鄰及（或）相向之兩個以上國家，其大陸礁層界線之劃定，應符合國家領土自然延伸之原則。⑵就劃定中華民國之大陸礁層界線而言，應不計及任何突出海面之礁嶼。」（註九六）

換句話說，我國政府對任何想分享我國東海大陸礁層之任何他國主張，已堅決表示概不承認。

六、我國政府與美日交涉釣魚臺列嶼的經過

我國與美日交涉釣魚臺列嶼問題的經過，必須從我國交涉琉球問題說起。一九四三年出版的蔣中正著「中國之命運」中，首先指出琉球對中國國防上的重要性如下：

「琉球、臺灣、澎湖…無一處不是保衞民族生存的要塞。這些地方的割裂，卽爲中國國防的撤除。」（註九七）

戰後在一九四七年九月二十三日「國民參政會」通過建議，要求在對日和約中規定琉球託交我國管理

（註九八）。同年十月十八日行政院張羣院長出席國民參政會駐會委員會第七次會議時，曾說：「琉球羣島與我國關係特殊，應該歸還我國。」並表示在對日和約談判中，我國及美、蘇、英四國應有否決權（註九九）。

但是中國政府這種合理主張，並未得到實際占領琉球的美國支持與同情，由於這段期間有關琉球交涉的外交檔案中美二國均未公佈，所以只有根據新聞報導說明。據一九四八年二月二十五日合衆社華盛頓消息：

「…美國官員…已非正式暗示，拒絕中國對琉球羣島治權之要求。美方表示，琉球亦應納入其戰略託管網之內，蓋美國認爲此乃其在西太平洋之一種任務，中國之要求獲得琉球，在此並未博得同情。反之，官方且指出中國向未在琉球行使統治權，僅享有對該地之宗主權，至於一八七〇年，是年因日本之併吞琉球，整個問題遂爲之晦澀不明…同時英國方面報導稱：關於美國在小笠原羣島或琉球群島之意圖，不列顛聯合國（British Commonwealth of Nations）各份子，並不欲加以反對，此一事實既告成立，則上述問題，將來在和會中之結果如何，顯然已無疑問，因英美在和會中有舉足輕重之勢。故美方官員認爲，中國與蘇聯之反對和約採取多數表決制並堅持保有其否決權者，即因已認清此一事實之故。」（註一〇〇）

當時由於我國戡亂軍事正在緊張階段，對美談判之討價力量當然甚低，所以沒法說服美國允許我國共同占領琉球或將來收回。如果我國當時沒有內亂，則可能可以實現託管琉球、收回或使琉球獨立的願望。只要琉球能脫離日本控制，由於中琉歷史悠久的友誼關係，釣魚臺列嶼問題自可有一個合理解決。

政府遷臺後，在國際上的地位自不如大陸時代，因此沒法對琉球問題獲得更大的發言權，不過我國政府一直未對琉球歸還日本一事，表示過同意。這種立場在一九五三年十一月二十四日我國外交部致美駐華大使的照會中，明白表示我國立場，並否定美國認爲日本對琉球仍有剩餘主權之說，全文重要部份如下：

「一、中國政府雖非一九五一年九月八日在金山所簽訂之對日本和平條約之締約國，然對該約第三條之規定，則在原則上曾表示同意：但在該約中，並無任何規定，足以解釋爲授權美國得在該約第三條明文規定之辦法以外，另行擬定關於琉球羣島之處理辦法。因此中國政府對於美國所作金山和約並未使琉球羣島脫離日本主權之解釋，不能同意。蓋此種解釋，將予日本以要求歸還此等島嶼之一項根據，此與一九四五年七月二十六日之日之波茨坦宣言之文字及精神相悖，亦決非金山和約之本旨。

．．．．

（第二段略去）

三、自公元一三七二年至一八七九年之五百餘年之期間，中國在琉球羣島享有宗主權，此項宗主關係僅因日本將其侵併始告中斷。中國政府對於琉球羣島並無領土要求，亦無重建其宗主權之任何意圖；惟願見琉球居民之眞實願望完全受到尊重，彼等必須獲得選擇其自身前途之機會。在依金山和約第三條所規定之將琉球羣島置於託管制度下之建議尙未提出以前，此等島嶼之現狀，包括其領土之完整，應予維持。

四、鑒於中國與琉球羣島之歷史關係及地理上之接近，中國政府對於此等島嶼之最後處置，有發表其意見之權利與責任。關於此項問題之任何解決，如未經與中國政府事前磋商，將視爲不能接受，爰請美國政府就上述各項意見，對此事重加考慮。」（註一〇一）（標點與着重點是作者加的）。

我國政府以後一直維持這個立場，認爲琉球應由有關國家會商解決，而不能僅由美國片面決定，不過由於國際局勢對我國不利，中共又附和蘇聯主張琉球「歸還」日本(詳後)，所以我國立場日益孤立，沒法貫徹這種主張（註一〇二）。但是，卽使在這個困難的局面下，我政府仍舊堅持立場，迄未對琉球「歸還」日本一事，表示同意。

至於對釣魚臺列嶼問題與美日交涉及保障東海大陸礁層方面的經過，在討論本問題糾紛的由來及大陸礁層時，已略有述及，現在將最近二年來政府交涉經過及有關措施，據報章報導及可靠方面消息，略述於下：

首先談到保障東海大陸礁層方面，我國政府除在一九六九年七月十七日發表聲明（註一〇三），並在同年十一月十八日就由外交部辦理「大陸礁層公約」的批准事宜，而於次年十月十二日正式向聯合國秘書處存放生效，批准之時並對劃界問題提出保留（註一〇四）。在國內法方面，在一九七〇年九月三日正式公佈「海域石油探採條例」（註一〇五），以規定「開採中華民國領海及連接領海外大陸礁層海域之石油礦」的辦法（註一〇六）。並在十月十五日正式劃定五個石油礦保留區，先行開放准與外國合作開採（註一〇七）。釣魚臺列嶼則劃入第二區，並且在該區內已劃出一部份礦區與美國海灣石油公司合作探採（註一〇八）。十月二十四日據說日本大使館正式照會我國，重申日本立場，認爲我國宣佈之「海域石油礦區」，對日本對東中國大陸礁層之權利，不發生影響（註一〇九）。

我國政府對上述日本荒謬主張，未加理會，仍飭所屬機構繼續從事探勘業務，但不幸美國海灣石油公司竟在十一月廿四日表示，由於中日雙方對釣魚臺列嶼主權發生爭執，所以在兩國未達成協議前，該公司決定不開始作業（註一一〇）。一九七一年四月美國國務院發言人又透露，曾經通知美國石油公司避免在釣魚臺列嶼地區探油（註一一一）。我國政府曾就此事一再與美國交涉，並催促美國油公司履行契約，但似乎尚無具體結果，但政府及我國有關單位仍在努力中。

其次，在中日對釣魚臺主權問題發生爭執之時，忽然在一九七〇年九月傳說日本增列援琉預算，以便在釣魚臺上建立氣象臺（註一一二）。一九七一年一月廿九日日本「產經新聞」報導，日本政府決定在釣魚臺建立無人控制之氣象觀測站，企圖「悄悄地取得這些島嶼之領土主權」，該報又引述日本政府官員稱：政府在四月開始之一九七一年會計年度指定三千八百萬日幣為建立上述氣象臺之基金。

我國政府獲悉此項消息後，即不斷由適當途徑交涉警告日本政府，在該列嶼之爭端未解決前，切勿採取在釣魚臺列嶼設置氣象臺之任何片面行動（一一三）。據說一九七一年二月二十日我國外交部沈次長曾接見日本駐華大使，討論此事，並告以我國立場。我國據說並曾考慮如果日本擅自採取行動，將採報復性的經濟制裁（註一一四）。三月十一日我國駐日大使館人員又再訪日本有關官員勸阻此事，三月二十二日駐日大使又再訪日本官員，商談此事（註一一五）。除對日本交涉外，我國政府又向實際占領琉球及釣魚臺列嶼的美國政府交涉，據說一九七一年四月二日我國外交部楊次長曾約見美國駐華大使，請其轉知美國政府切勿同意日本在釣魚臺建立氣象臺（註一一六）。

在我國政府不斷的交涉下，四月二十三日日本「產經新聞」報導稱，日方已暫訂停止在釣魚臺建立氣象臺，日方此種決定據揣測可能是避免刺激中華民國及其他政治考慮（註一一七）。我國對日、美交涉，終於得到了結果。

最後，談到關於釣魚臺列嶼主權問題的交涉，這個問題同時牽涉美、日二國，因此分別說明。我國政府早在一九七一年九月十五日就通知美國駐華大使館代辦，說明釣魚臺列嶼與我國之關係，並否定日本對其主權主張。十月廿八日我國外交部北美司錢司長約見美國國務院中國事務科科長時，再度重申我國對釣魚臺列嶼的立場，並盼美方處理本案時避免偏袒日方；同時指出該列嶼目前由美軍管理，我國因基於區域安全及中美邦交等考慮，以往對美軍管理未予異議，但並非表示默認，是以美國在該項管理結束時應將該列嶼歸還我國（註一一八）。十一月十四日我國外交部發言人魏煜孫發表談話，表示我國政府已循外交途徑告訴美國政府，促其注意改善制止琉球當局對在釣魚臺列嶼附近海面作業之中國漁民之干擾（註一一九）。美方對上述我國交涉的答覆，因美方資料尚未完全公佈，所以無從獲知。

一九七一年三月十七日我國鑒於美日之間交涉「歸還」琉球之事，已日益接近，因此又命駐美大使周書楷再向美國務院交涉，照會（日期爲三月十五日）中再度促請美國政府尊重我國對於釣魚臺列嶼的主權，並於終止對琉球及該區之軍事管理時，將該列嶼歸還我國政府。據說美國主管遠東及太平洋事務助理國務卿葛林（Marshall Green）曾答覆稱，將該列嶼一併連同「歸還」日本，未必卽謂其主權屬日，主權問題似可由中日談判解決（註一二〇）。至此美國以往袒日的態度，由於我國一再堅定交涉，已漸有改變，漸趨中立，惟尚未明朗化。

正當我與與美國交涉釣魚臺列嶼的歸還問題時，美國國務院發言人布端（Bray），突然在我國留美學生舉行保衞釣魚臺愛國大示威前夕，發表謬論，說「美國在舊金山和約締結之後，從日本方面取得南西羣島的行政權，釣魚臺列嶼卽爲該羣島的一部份：鑑於尼克森總統和佐藤首相就琉球連同南西羣島於一九七二年交還日本一事所達成的協議，目前仍在美國手中的釣魚臺列嶼自將歸還日本。」（註一二二）這個聲明引起我國政府與人民極大憤怒，我國外交部發言人在次日發表嚴正聲明，駁斥美國的謬論如下：

「釣魚臺列嶼爲中華民國領土之一部份，中華民國政府曾迭次循外交途徑要求美國政府尊重我國主權，於佔領結束時將該列嶼交還我國。國務院尙未答覆我方要求，忽於此時聲明仍擬將該列嶼交與日本，我政府對此殊難了解，並堅決反對。外交部於接獲上述電訊後，已向美方作嚴重交涉。」（註一二二）

我國政府嚴正聲明後，國內外中國人羣起擁護，支持我國的正義立場，國內大學生並向美日使館，提出嚴正的抗議書。

四月廿日我國外交部發言人又再發表聲明，重申我國政府對釣魚臺列嶼是中國領土的正義立場（註一二三）。同時我國政府繼續對美交涉，美方終於在五月廿六日照會我國，答覆我國三月十五日照會，其中正式表示美國對釣魚臺列嶼中日糾紛，採中立立場，並說將該列嶼行政權「歸還」日本一事，並不影響我國有關主權主張（註一二四）。美方立場轉趨中立，是我國交涉成功的一點，原先在四月四日日本外務省會表示美日已達成協議，在「歸還」琉球協定中，將以經緯度列入「歸還」地區並包括釣魚臺列嶼在內一點，是支持日本對該列嶼的主權主張（註一二五）。

收到美方照會後，我外交部周部長在五月卅一日又再召見美國駐華大使，促其轉告美國政府切勿將釣魚臺列嶼交給日本。同時外交部又促駐美大使，繼續積極向美交涉歸還釣魚臺列嶼給我國問題。六月四日駐美沈大使又爲此事往訪美國務院，商討此事。六月十一日外交部北美司錢司長又約見美駐華代辦，重申我國立場，不能同意且堅決反對美國處理釣魚臺列嶼問題方式，並且對「歸還」琉球未得我國同意一點，表示不滿（註一二六）。同日我國外交部，不顧在聯合國內的代表權仍靠美日支持的考慮，毅然發表一份强硬聲明如下：

「中華民國政府近年來對於琉球羣島之地位問題，一向深爲關切，並一再將其對於此項問題之意見及其對於有關亞太區域安全問題之顧慮，促請關係國家政府注意。

茲獲悉美國政府與日本政府卽將簽署移交琉球羣島之正式文書，甚至將中華民國享有領土主權之釣魚臺列嶼亦包括在內，中華民國政府必須再度將其立場鄭重昭告於全世界：

㈠關於琉球羣島：中、美、英等主要盟國曾於一九四三年聯合發表開羅宣言，並於一九四五年發表波茨坦公告規定開羅之條款應予實施，而日本之主權應僅限於本州、北海道、九州、四國以及主要盟國所決定之其他小島。故琉球羣島之未來地位，顯然應由主要盟國予以決定。

一九五一年九月八日所簽訂之金山對日和約，卽係以上述兩宣言之內容要旨爲根據，依照該和約第三條之內容，對琉球之法律地位及其將來之處理已作明確之規定。中華民國對於琉球最後處置之一貫立場爲：應由有關盟國依照開羅宣言及波茨坦公告予以協商決定。此項立場素爲美國政府所熟知，中華民國爲對日作戰主要盟國之一，自應參加該項協商。而美國未經此項協商，遽爾將琉球交還日本，中華民國至爲不滿。

㈡關於釣魚臺列嶼：中華民國政府對於美國擬將釣魚臺列嶼隨同琉球羣島一併移交之聲明，尤感驚愕。該列嶼係附屬臺灣省，構成中華民國領土之一部份，基於地理地位、地質構造、歷史聯繫以及臺灣省居民長期繼續使用之理由，已與中華民國密切相連，中華民國政府根據其保衞國土之神聖義務在任何情形之下絕不能放棄尺寸領土之主權。因之，中華民國政府曾不斷通知美國政府及日本政府，認爲該列嶼基於歷史、地理、使用及法理之理由，其爲中華民國之領土，不容置疑，故應於美國結束管理時交還中華民國。現美國逕將該列嶼之行政權與琉球羣島一併交予日本，中華民國政府認爲絕對不能接受，且認爲此項美日間之移轉絕不能影響中華民國對該列嶼之主權主張，故堅決加以反對，中華民國政府仍切盼關係國家尊重我對該列嶼之主權，應即採取合理合法之措置，以免導致亞太地區嚴重之後果。」（註一二七）

一九七一年六月十七日美日簽訂琉球「歸還」協定，將釣魚臺列嶼也列入「歸還」地區（註一二八），不過美國國務院發言人又再重申美國的中立立場，「認爲將這些島嶼的管轄權交給日本，不致傷害中華民國的基本要求權。」（註一二九）同日，我國政府發言人再度發表聲明，對美日之荒謬舉動，表示「絕對不能接受。」（註一三〇）

雖然美方一意孤行，但我政府仍繼續不斷對美交涉，十一月二日美國參議院外委會通過琉球「歸還」協定時，再度說明協定中的條款，不影響任何國家對該列嶼的主權主張（註一三一）。十二月卅日周部長在美國佛羅里達州（Florida）會晤美國總統國家安全顧問季辛吉（Kissinger）時，再度向其表明我國立場，並促請美國協助。（註一三二）其後美方態度未見報導，但在一九七二年三月廿一日日本福田外相在一項記者招待會中表示，日本希望在五月十五日移交琉球行政權時，美方正式聲明支持日本對釣魚臺列嶼的主張，但美方似不願照辦。次日，福田外相在日本衆院表示，對美方關於釣魚臺列嶼表現的曖昧態度，表示不滿。三月廿三日，日本外務省又作類似表示。三月廿四日美國國務院發言人又重申美國立場，認爲此問題應由中日談判解決（註一三三）。由此段發展來看，原先美國顯然偏袒日本，經我國政府一再交涉才轉向中立，否則不會引起日本不滿，我國朝野的努力，終於得到了一點結果。

三月廿四日我外交部周部長又約見美國駐華大使，重申我國立場，並請美政府勸告日本政府，美大使對周部長重申美國中立立場，並允將我國要求轉告美國政府（註一三四）。同時，周部長又飭所屬繼續研究本問題，且仍要積極交涉。

在對日本交涉方面，我國政府因該列嶼是在美軍管理下，所以交涉重點以美國爲主，但因日本提出主權主張，是以也不得不同時與日本交涉。在一九七〇年九月二日臺北中國時報記者曾到釣魚臺插旗，八日日本大使館要求我國外交部調查並妥善處理，十月十五日我國外交部答覆日本，認爲日本對此事無權過問（註一三五）。十月廿三日日本大使又向我國提議就大陸礁層問題，暫採過渡辦法以等待正式談判，我國外交部沈代部長表示釣魚臺列嶼爲臺灣附屬島嶼之一，並非日本領土；並認爲大陸礁層問題，無可商談（註一三六）。

一九七一年一月廿七日日本首相佐藤表示，釣魚臺列嶼屬日本，無意與我國或中共討論此事。但我國政府繼續與日本交涉，六月十五日日本愛知外相自己透露已與我國駐日大使洽談此事。六月十九日我國外交部周部長召見日本大使，表示中日應開始談判釣魚臺列嶼問題，日使允將意見轉告其政府。六月廿五日日本大使向周部長表示，如中國政府有意基於日本對該列嶼具有領土主權之了解，日方願與中國商談。此種條件我國自然無法接受，所以周部長只有告訴日大使，中日應基於好友坦誠的態度，繼續就此問題洽商（註一三七）。

一九七一年十二月廿四日日方又透過外交途徑，向我國表示，「關於尖閣羣島附近大陸礁層開發問題，因中華民國、韓國與中共均有意見，日本在將來應與有關國家以談判方式圓滿解決。」（註一三八）至此，由於我國政府不斷與日本堅定交涉，日方對以往不預備與我國談判的態度，似已有軟化的迹像。

在與美日交涉期間，由於美軍占領釣魚臺列嶼即將結束，我國政府在法律上將恢復其對釣魚臺列嶼的完全主權，所以對其行政區劃問題，自應早作準備。因此，在一九七一年七月間內政部召開會議，討論此一問題，後經行政院在十二月間核定應劃歸宜蘭縣，並由教育部以六一年（一九七一）一月十日臺（六一）中字第〇八一〇號令，通知全國教育機構及學校（註一三九）。一九七二年二月十一日「中央日報」國際版曾刊載這個消息（註一四〇），二月十六日日本大使館又向我外交部查詢此事，十七日我國外交部答覆日本詢問說，我國政府認爲釣魚臺列嶼爲我國領土，此事應由雙方談判解決對主權問題的爭執。三月廿四日周部長又召見日本大使，强調此事應由雙方以友好方式解決此案，日使答應轉告其本國政府（註一四一）。目前日本親共勢力甚爲活躍，反對黨及自民黨內部均有人叫囂要與中共建交，所以局勢對我國甚爲不利，到四月中爲止我國對日本關於釣魚臺問題的交涉，在最近的將來似難有進一步的發展。

七、中共對釣魚臺列嶼問題的態度

關於中共對釣魚臺列嶼問題的態度，必須自其對琉球問題的態度說起，一九五一年九月召開舊金山對日和會時，蘇聯代表一改以前史太林支持將琉球歸還中國的立場（註一四二），而主張「重新確定日本對琉球及小笠原羣島之主權。」（註一四三）中共雖未參加和會，但對蘇聯立場早已表示同意，一九五一年八月十五日中共外交部長周恩來發表聲明，指責美國的和約草案「保證美國政府…獲得對於琉球羣島…等的託管權力…而這些島嶼在過去任何國際協定中均未曾被規定脫離日本的。」（註一四四）而中共也未指出釣魚臺列嶼應不包括在琉球的範圍內。

此後中共一直附和蘇聯，主張琉球「歸還」日本，例如，一九五九年十月廿日，中共又與日共發表聯合聲明說：「中國共產黨代表團也表示中國人民充分支持日本人民要求收回沖繩和小笠原羣島的鬭爭。」（註一四五）這個聲明中又未將釣魚臺列嶼除外，而糊糊塗塗地無條件支持日本「收回」沖繩。中共出版的地圖也未明確劃出釣魚臺列嶼在中共版圖內。

在一九七〇年九月起中日之間發生釣魚臺列嶼主權問題糾紛後，中共開始也沒有什麼反應，一直到十二月三日才由新華社報導所謂「美日反動派陰謀掠奪中朝海底資源」的消息中，簡略的說：

「佐藤反動政府還在美國帝國主義的支持下尋找各種借口，企圖把包括釣魚島、黃尾嶼、赤尾嶼、南小島、北小島等島嶼在內屬於中國的一些島嶼和海域，劃入日本的版圖。」（註一四六）

同月廿九日「人民日報」又用評論員名義發表「決不容許美日反動派掠奪我國海底資源」，內說「臺灣省及其所屬島嶼，包括釣魚島、黃尾嶼、赤尾嶼、南小島、北小島等島嶼在內，是中國的神聖領土」。

一九七一年三月一日「中『共』日備忘錄貿易會談公報」中，對釣魚臺列嶼問題又隻字不提，僅說：

「不久前成立的日蔣朴『聯絡委員會』，竟然決定『合作開發』鄰近中國的淺海海域資源，這是

對中國主權的明目張膽的侵犯，中國人民絕對不能容忍。」（註一四七）

九月一日「人民日報」又以評論員名義發表一篇「中國領土主權不容侵犯」，內說

「位於我國臺灣省東北海域的釣魚島、黃尾嶼、赤尾嶼、南小島、北小島等島嶼，和臺灣一樣，自古以來是中國的神聖領土，其歸屬是無可爭議的。但是，日本反動派爲了覇佔我國的釣魚島等島嶼，使用了種種無恥的伎倆。他們居然搬出一八九六年日本天皇頒佈的一項『敕令』作爲『根據』。據說，由於甲午戰爭之後日本從中國割取了臺灣，於是『（日本）內閣會議決定這個羣島（指釣魚島等島嶼）是日本領土』。這種所謂『根據』是十分荒唐的。難道一個國家可以隨便片面的，非法地把別國一時被割的領土劃入自己的原有版圖嗎？……值得注意的是，美帝國主義竟然公開支持日本反動派侵佔中國領土的陰謀。美帝國主義說什麼它根據同日本簽訂的『和約』，對我國的釣魚島等島嶼享有所謂『行政權』，要把這些島嶼和沖繩一起交還給日本。這眞是豈有此理。釣魚島等島嶼是中國的領土，我國對這些島嶼擁有不容侵犯的主權，根本不存在美帝國主義對我國所屬的這些島嶼有所謂『行政權』的問題。美日反動派有什麼權利拿中國的領土來私相授受？」

一九七一年十一月六日中共新華社的報導消息中，又對日本防衛廳擬將釣魚臺列嶼劃進日本「防空識別圈」；日政府決定在沖繩設立「第十一管區海上保安本部」準備對釣魚島周圍海面進行武裝巡邏；日本石油開發公司擬自十月十五日起進行開發我國東海海域的海底石油資源等三事，猛然評擊，認爲佐藤政府妄圖侵占我國領土釣魚島（註一四八）

中共宣傳機構雖一再對釣魚臺列嶼發表言論，但其官方機構却遲到一九七一年十二月三十日才由其外

交部正式發表聲明說：

「釣魚島、黃尾嶼、赤尾嶼、南小島、北小島等島嶼是臺灣的附屬島嶼。它們和臺灣一樣，自古以來就是中國領土不可分割的一部份。美、日兩國政府在『歸還』沖繩協定中，把我國釣魚島列入『歸還區域』，完全是非法的，這絲毫不能改變中華人民共和國對釣魚島等島嶼的領土主權。」（註一四九）

中共雖繼我國政府之後，表明了對釣魚臺列嶼問題的立場，但並未積極與美日交涉這個問題，有人或者以為中共在一九七二年九月前與日本並無正式外交關係且仍未與美建交，所以無從交涉，這點似有商榷餘地。現代的國際關係上並不限於有正式外交關係才能辦交涉。沒有外交關係的國家不但能談判交涉，還可以訂條約。例如，美國與中共就自一九五五年起在日內瓦談判二者間的問題，還在一九五五年九月十日訂了一個關於遣返平民的協定（註一五〇），後來日內瓦談判又改在華沙舉行，到最近為止共談了一百三十六次。另外，美國總統在二月二十一日至二十八日訪問了中國大陸一週，中共首領要與其商談釣魚臺問題大有機會，但發表出來的公報，只是叫囂要「解放臺灣」，對此重大領土問題却一字不提（註一五一）。

在中共與日本的關係上，雙方在建交前設有所謂「貿易辦事處」，也訂過好些半官方的貿易協定或漁業協定，來往相當頻繁，二者如要交涉釣魚臺問題也有很多機會，但也未見報導它與日本交涉過這個重大領土問題。

中共除了在國際上未作積極交涉外，在一九九二年二月二十五日前其行政方面也似未採取行政措施，將釣魚臺列嶼正式列入版圖。該日中共第七屆全國人民代表大會第二十四次會議才通過「中華人民共和國領海及毗連區法」，正式將釣魚臺列嶼列入中共領土。但對日本多次侵入釣魚臺附近海域或在上述燈塔，只有抗議未向聯合國安理會提出控訴。

八、結　論

我國認爲釣魚臺列嶼爲我國領土，但日本却認爲這個列嶼應屬日本，在這種情形下，這個糾紛應該怎麼解決呢？依照聯合國憲章第二條第三、四項規定：

「三、各會員國應以和平方法解決其國際爭端，俾免危及國際和平、安全、及正義。四、各會員國在其國際關係上不得使用威脅或武力，或以與聯合國宗旨不符之任何其他方法。侵害任何會員國或國家之領土完整或政治獨立。」

第三十三條的規定：

「任何爭端之當事國，於爭端之繼續存在足以危及國際和平與安全之維持時，應儘先以談判、調查、調停、和解、公斷（仲裁）、司法解決、區域機關、或區域辦法之利用、或各該國自行選擇之其他和平方法，求得解決。」

我國雖已退出聯合國，但我國蔣總統在一九七一年十月廿六日曾經指出：

「中華民族的文化傳統，是堅持正義愛好和平，現在我國雖已退出我們所參與艱辛締造的聯合國，但是我們今後在國際社會中必當仍以聯合國憲章之宗旨與原則爲準繩，繼續爲維護國際間公理正義與世界和平安全而勇毅奮鬪。」（註一五二）

所以我國在解決這個中日美三國間的爭端時，仍應遵守憲章規定的和平解決原則，事實上這個原則現在也是國際法上一個被普遍接受的原則。

我國與美、日二國不斷交涉這個問題，主張談判，就是根據和平解決國際爭端的原則（註一五三）。如果中日雙方談判之後，還不能解決這個問題，應該締約將本問題提交仲裁，由國際法專家來客觀地判斷雙方是非曲折，在國際上以仲裁解決領土糾紛的例子甚多，如以前所敍及的帕馬斯島案，就是一例。除非日本自認毫無道理，否則實在沒有理由拒絕仲裁（註一五四）。

至於美國方面，雖然經我國一再交涉，態度已漸中立，但其仍決定要將釣魚臺列嶼的所謂「行政權」交給日本一點，恐仍難獲得我國人民的諒解，更會在中美兩大民族的友誼上留下一個不易洗去的汚點。

我國對釣魚臺列嶼的主權主張，已如前述，有相當堅强的法律根據的（註一五五），日本如果想乘我國目前處境困難時來强占去，最後一定還是會失敗的。當日本竊占我國領土臺灣時，如果當時有人說我國日後一定會收復，一定很少人會相信，但五十年後日本不是乖乖地將臺灣交還中國了嗎？中國對比釣魚臺列嶼大一萬倍的臺灣都有本事收回，區區釣魚臺列嶼也遲早一定會回到祖國的懷抱。國與國之間的關係必須建立在正義的基礎上，才能互利與持久，否則如果天天夢想乘人之危來打刼，最後還是自己受害，過去的中日關係可以對這點作最好的說明。中日二國具有共同的文化淵源，又是近鄰，合則二利，分則二害，中國過去受到日本軍閥的侵略，人民生命財產損失不計其數，但一旦戰爭結束，中國政府與人民首先提出並施行「以德報怨」的政策，就是希望將雙方的未來關係建立在正義的基礎上，以共謀中日二國人民的福利。目前中國人民正遭遇到歷史上最大的苦難，我們不期望日本給我們什麼援助，我們只希望日本不要趁火打刼再來奪取我們的領土，增加我們的困難。中日二國目前與將來可以合作而互利的事業很多，其利益將千萬倍於奪取幾個無人小島，希望日本政府與人民，對這點有深切的了解，不要因釣魚臺列嶼問題，在中日兩大民族間造成不磨滅的裂痕，破壞二國的長遠利益。

註

＊ 本文部份資料收集曾得到政大外交研究所趙國材先生協助。

註一 山口盛包，「石垣町誌」，那覇：冲繩書籍株式會社，昭和十年（一九三五）出版，頁十三。據傅角今、鄭勵儉著，「琉球地理誌略」，上海：商務印書館，一九四八年出版，頁四四的記載，釣魚島爲四平方公里。

註二 日本人稱釣魚嶼爲魚釣島（譯爲英文爲 Uotsuri Shima），因日語文法動詞性的字往往置於名詞之後，日人有時又根據西文 Hoa-pin-su 譯爲和平山。

註三 山口盛包，前引註一，頁十三。

註四 但也有日本人用中國名稱的，如一八〇一年日人享香元仿繪的林子平「三國通覽圖說」之地圖，稱「黃尾山」。

註五 西人用的 Raleigh Rock 原因，據日人吉原重康研究，是因此小島在一八三七年爲 Raleigh 號船發現（參閱圖四）見其著「琉球無人島の地理」，載「地質學雜誌」，第七卷，第八十號，東京：一九〇〇年五月二十日出版，頁一七九。

註六 傅角今、鄭勵儉，前引註一，頁四四。

註七　見小藤文次郎，「琉球孤島的地質構造」，載「地質學雜誌」，第五卷，第四十九號，東京：一八九七年十月廿四日，頁八。

註八　賀照禮，「我國積極測勘海底蘊藏石油」，載「中央日報」，國際版，一九七〇年八月十二日，頁一。

註九　高岡大輔，「尖閣列島週邊海域の學術調查に參加して」，載「沖繩季刊」，第五十六號，東京：一九七一年三月廿五日出版，頁六十三。

註一〇　同上，頁五十二—五十四。

註一一　參閱戚桐欣，「『尖閣羣島』簡介」，載「中央日報」，國際版，一九七〇年八月十八日，頁一；宮島幹之助，「沖繩縣下無人島探險談」，載「地學雜誌」，第十二卷，第一百四十二號，東京：一九〇〇年十月十五日出版，頁五八六。

註一二　見我國政府於一九六八年三月五日答覆聯合國秘書長有關海床開發的文件，U.N. Doc. A/AC. 135/1, March 11, 1968, p. 28 刊印於 The Annals of the Chinese Society of International Law, No. 7 (Taipei, August, 1970). pp. 79-80.

註一三　Takashi Oka, "Oil Under East China Sea Is the Crux of 3-Nation Issue," The New York Times, January 30, 1971。

註一四　同上，並見Philip Shabecoft, "Japanese Oil Find Poses Title Problem," The New York Times, August 28, 1969, pp. 1, 4.

註一五　「中央日報」，國際版，一九六九年七月十八日，頁一。

註一六　「二十五年之中國石油股份有限公司」，臺北：民國六十年，頁四六－四七。

註一七　同上，頁五十，並參閱 Oka, supra, note 13.

註一八　可靠方面消息。

註一九　「中央日報」，國際版，一九七〇年八月十一日，頁一；「朝日新聞」，一九七〇年八月十一日。

註二十－二四　同註一八說明。

註二五　一九七〇年八月十二日美駐日大使館發言人說，尖閣羣島（釣魚臺列嶼）是琉球羣島的一部份，將「歸還」日本。見「中央日報」，國際版，一九七〇年八月十三日，頁一。

註二六　東京：日本國際連合協會，昭和廿五年（一九五〇）出版，頁五七四－五七五。

註二七　見其著「冲繩歸屬の沿革」，載國際法學會編，「冲繩の地位」，東京：有斐閣，昭和卅年（一九五五）出版，頁三七。

註二八　「尖閣列島與日本的領有權」，載「冲繩季刊」，第五十六號——尖閣列島特集，東京：一九七一年三月出版，頁八。

註二九　本書寫成日期不詳，據英國漢學家李約瑟（Joseph Needham）所著的「中國科學技術史」（Science and Civilization in China），第四卷第一部第二十六章斷定為一四三〇年完成。本段引文及資料引自，方豪，「從『順風相送』探索鄭和或其他同時出使人員來臺澎的可能性」，載「東方雜誌」，復刊第一卷第二期，一九六七年八月一日出版，頁四九。

註三〇　見 Charles G. Fenwick, International Law, 3rd ed., New York: Appleton-Century Crofts, 1948, pp. 344-345。並參閱 Green H. Hackworth, Digest of International Law, Vol. I, Washington: U. S. Government Printing Office, 1940, p. 398.

註三一　見「臺灣の鰹漁業」，載該刊第二號（大正四年一月十七日），頁十五。臺灣漁民使用釣魚臺列嶼附近漁場的記載甚多，郭明山先生以後將另寫一文介紹此類資料。

註三二　見該刊頁二十四。

註三三　見劉本炎，「釣魚臺島究竟是什麼樣子?」，載「中央日報」，一九七〇年八月廿四日。

註三四　見戚桐欣，前引註一一。

註三五　見註二八所引之文，頁十三。

註三六　見方豪、「『日本一鑑』和所記釣魚嶼」，載「東方雜誌」，復刊第五卷第四期，一九七一年十一月一日出版，頁七六。

註三七　載蕭崇業、謝杰撰、「使琉球錄」，臺北：學生書局影印本，民國五十八年出版，頁五四。標點爲作者所加的。

註三八　同上，頁六六。

註三八a　該書在乾隆二十二年（一七五七年）進呈清帝，本文引自日本天保二年（一八三一年）彫本，卷十六，頁三至四。

註三九　見伊波普猷、東恩納寬惇及橫山重合編，「琉球史料叢書」，第四冊，東京：名取書店，昭和十六年（一九四一年）出版，頁八—十一頁。

註四〇　該書由伊地知貞馨自行發行，東京石川治兵衛等書肆發行，全書五冊。

註四一　東京府平民大譯鉞三郎出版，石川治兵衛發兌。

註四二　外務省編纂，「日本外交年表竝主要文書一八四〇—一九四五」，上册，東京：昭和四十年（一九六五）出版，頁八一、八二、及八三。

註四三　栗田元次著，「日本古版地圖集成」，東京與大阪：一九三二年出版，頁四二—四三。

註四四　圖藏哈佛大學溫莎紀念地圖室（Winsor Memorial Map Room）。

註四五　San Kokf Tsou Ran To Sets ou Apercu General des Trois Royaumes(Traduit de L'Original Japonais-Chinois), Paris: 1832 圖收藏地點與註四四同。

註四六　「中外條約彙編」，臺北：文海出版社，民國五十三年出版，頁一五一。英文譯文是：China cedes to Japan in perpetuity and full sovereignty the following territories...(b) The Island of Formosa, together with all islands appertaining or belonging to the said Island of Formosa 載 Hertslet's China Treaties, Vol. 1, London: His Majesty's Stationery Office, 1908, p. 363.

註四七　一九五一年九月八日在舊金山締結對日和約，和約第二條乙項規定：「日本放棄對臺灣及澎湖列島的一切權利，權利根據與要求。」United Nations Treaty Series, Vol. 136, p. 48.。一九五二年四月廿八日中日和約第二條規定：「玆承認依照公曆一千九百五十一年九月八日在美利堅合衆國金山市簽訂之對日和平條約第二條，日本國業已放棄對於臺灣及澎湖羣島之一切權利、權利名義與要求。」第四條規定：「玆承認中華民國與日本國間在中華民國三十年即公元一千九百四十一年十二月九日以前所締結的一切條約、專約及協定，均因戰爭結果而歸無效。」外交部編，「中外條約輯編」，臺北：臺灣商務印書館，民國四七年出版，頁二四九。日本學者中也有人明白指出金山和約第二條乙項的規定，是「恢復臺灣在日本取得前的地位，就是說在中日戰爭前的地位。」Yoshio Tameike, "Nationality of Formosans and Koreans," The Japanese Annual of International Law, No. 2 (1958), p. 58.

註四八　（美聯社東京九日電），載「自立晚報」，一九七二年三月九日，頁一。

註四九　到一九六九年五月琉球當局才在釣魚臺上設立所謂「管轄行政標幟」。見「尖閣列島硏究會」，前引註二八，頁十三。

註五〇　清朝地圖中，也有顯示釣魚臺列嶼各島是屬中國的，例如，同治二年（一八六二）鑄版的「皇朝中外一統輿圖」中，中琉航線所經各島，直到姑米山始註日名「久米島」，在此以前各島如黃尾嶼、釣魚嶼等均與中國其他各島名稱一樣無日文名稱，可見此數島與琉球不

註五一　同，應屬中國。見該書，板藏湖北撫署景恒樓，南七卷，頁東一—東四（見圖六）。

在國際實例上，曾有國家根據地理上接近的理由，主張對鄰近島嶼的權利。如秘魯對海岸外二十英哩的羅波斯島（Lobos Islands）的主張，阿根廷對離南美大陸二百五十英哩的福克蘭島（Falklands Islands）的主張。見 Hackwonth, supra, note 30, p. 408 所引 Wright, "Territorial Propinquity," American Journal of International Law, Vol, 12 (1918), pp. 520-522. 一文部份，雖然在一九二八年帕馬斯島仲裁案（Arbitral Award in the Island of Palmas Case ）中，仲裁員休柏 Max Huber ）曾認爲鄰近原則在國際法上沒有根據。見 Wolfgang G. Friedmann, Oliver J. Lissitzyn and Richard Grawford Pugh, Cases and Materials on International Law, St. Paul, Minn.: West Publishing Co., 。但著名的國際法學家勞特派特（Lauterpacht ）卻認爲，卽使裁決意見可作這樣解釋，不能就推翻鄰近原則，他並指出國家的實例中曾常引用這個原則。見 Friedman et. al., pp. 454-455 所引勞氏在 "Sovereignty Over Submarine Areas," British Year Book of International Law, (1950), pp. 428-429. 所引意見。

不過我們必須注意，由於釣魚臺列嶼離臺灣屬島彭佳嶼約九十浬，臺灣本島一百二十浬，所以我國如根據鄰近原則主張，理由並非很强，但仍比日本仍要强。因爲本列嶼雖離琉球八重山羣島僅九十浬，但二者間在地質上有琉球海溝隔絕，與該列嶼和臺灣本島地質構造相同一點有異，所以在地理上鄰近一點，對我國較為有利。

鄰近原則只在雙方對某一地區沒有其他權利主張時才能提出，如果一方有事實上行使主權的行為，就不能對抗。見勞特派特前引文。

註五二　詔書原件是棕紅色布料，長約五十九公分（二十三。二英寸），寬約三十一公分（十二。二英寸），上方正中印有「慈禧皇太后之寶」大印，朱色、四方形，每邊十一公分（四・四英寸）；在「慈諭太常」四字上，蓋有慈禧皇太后「御賞」腰章，朱色，橢圓形，高七・三公分（二・八英寸）中部寬四。八公分（一。八英寸）。見沙見林，「慈禧太后詔諭與釣魚臺主權」，載「學粹」，第十四卷第二期，一九七二年二月十五日出版，頁五三。

必須注意，本詔書上所用大印與清宮一般政令方面所用大印（玉璽）不同，後者大印上是篆文與滿文具列（印框內右側為篆文，左側為滿文）。其格式與一般現存者也不儘相同，可能是慈禧私人專用之印，此點作者仍在研判中，但清朝皇帝的私人大印中往往只有漢文，而無滿文，作者查閱數幅故宮古畫上所蓋之清帝大印，大小與形式與此詔書上用的極為相似。

註五三　外務省編纂，「日本外交文書」，第十八卷（自明治十八年一月至十二月），東京：日本國際連合協會發行，昭和廿五年（一九五〇）出版，頁五七五。

註五四　沖繩縣令申請到釣魚臺列嶼設立國標的理由，是認為「有取締水產之必要」。換句話說，就是要排斥他國人到釣魚臺列嶼獲取水產（漁類等）。見明治廿三年（一八九〇年）一月十三日沖繩縣知事上內務大臣文，載「日本外交文書」，前引註五三，第二十三卷（明治二十三年一月至十二月），昭和二十七年（一九五二）出版，頁五三一。在此期間除了日本人（包括琉球人）外，有可能到該列嶼及其附近採取水產的，顯然只有中國人，所以上述公文中這種用語，似可認爲有中國人在釣魚臺列嶼活動的旁證。

註五五　全文見「日本外交文書」，第二十三卷，前引註五四，頁五三一——五三二。

註五六　見一八九四年七月二十七日李鴻章致總理各國事務衙門電，載「李文忠公全集電稿」，卷十六，頁三十二，引自蔣廷黻編，「近代中國外交史資料輯要」，中卷，臺北：臺灣商務印書館，一九五九年臺一版，頁五三六——五三七。

註五七　宣戰諭見，「中日交涉史料」，卷十六，頁二，引自蔣廷黻，前引註五六，頁五三七。

註五八　見一八九四年十一月八日李鴻章致總理各國事務衙門電，載「李文忠公全集電稿」，卷十八，頁三十五，引自蔣廷黻，前引註五六，頁五五一。

註五九　見一八九四年十一月十八日李鴻章致日本大臣伊藤博文書，載林樂知、蔡爾康，「中東戰紀本末」，卷五，頁一，引自蔣廷黻，前引註五六，頁五五三。

註六〇　見三浦藤作著，「歷代詔敕全集」，第六卷，東京：河出書房，昭和十六年（一九四一）出版，頁二九九。

註六一　「日本外交文書」，第二十三卷，前引註五四，頁五三二。

註六二　見註二六所引之文。

註六三　見註四六及所引之文。

註六四　載「李文忠公全集電稿」，卷十八，頁四十六，（引自蔣廷黻，前引註五六），頁五五二。

註六五　「沖繩季刊」，第五十六號，前引註二八，頁九—十。

註六六　同上，頁二五一。

註六七　見「法令全書」（明治廿九年）甲，日本東京：內閣電報局印，敕令部，頁廿五。全文譯文見，丘宏達著，「日本對於釣魚臺列嶼主權問題的論據分析」，載「政大法學評論」，第五期，一九七一年十二月出版，頁二十二。

註六八　Foreign Relations of the United States, Diplomatic Papers: The Conferences at Cairo and Tehran 1943, Washington, D.C.: Government Printing Office, 1961, p. 324。梁敬錞，「開羅會議與中國」，香港：亞洲出版社有限公司，民國五十一年出版，頁四〇、四三，參照。

註六九　Foreign Relations of the United States, Diplomatic Papers: The Conferences at Cairo and Tehran 1943, supra, note 68, pp. 448-449中文譯文引自中日外交史料叢編㈦，「日本投降與我國對日態度及對俄交涉」，臺北：中華民國外交問題研究會，民國五十五年出版，頁一。

註七〇　日本治琉虐政簡述見琉球人蔡璋著「琉球亡國史譚」，臺北：正中書局，一九五一年出版，頁三〇—三三。

註七一　Foreign Relations of the United States, Diplomatic Papers: The Conferences at Cairo and Tehran 1943, supra, note 68, p. 869.

註七二　引自中日外交史料叢編(七)，前引註六九，頁三，英文全文見Foreign Relations of the United States, Diplomatic Papers: The Conference of Berlin (The Potsdam Conference), 1945, Vol. II. Washington: Government Printing Office. 1960. pp. 1471-1476.

註七三　Ibid., pp. 1474(蘇) 及 1555-1556 (法)。

註七四　英文原文見，國際法學會編，「沖繩の地位」，東京：有斐閣，一九五五年出版，頁二六三—二六五。據「尖閣列島年表」上記載，一九四六年一月二十九日美軍總部頒令將北緯三〇度以南的南西諸島與日本分離，見「尖閣列島特集」前引註二八，頁二五二。

註七五　United Nations Treaty Series, Vol. 136, p. 50。中文譯文引自中日外交史料叢編(八)，「金山和約與中日和約的關係」，臺北：中華民國外交問題研究會，一九六六年出版，頁九五。

註七六　American Foreign Policy, 1950-1955, Basic Documents, Vol. I; Washington, D.C.: Government Printing Office, 1957, p. 453.

註七七　見「中央日報」，一九七一年六月十八日，頁一。

註七八　我國外交部當時提供的消息。

註七九　（中央社華盛頓四日專電），載「青年戰士報」，臺北，一九七一年十一月六日，頁二。

註八〇　「中外條約輯編」，前引註四七，頁八二六。

註八一　外交部沈代部長答覆立委質詢時說明，我國對美軍占領釣魚臺列嶼未提抗議，是顧慮東亞安全之故。見「立法院公報」，第五十九卷第七十期，一九七〇年九月廿六日，頁三五一三六。

註八二　在國際法上僅僅沉默並不表示放棄權利，見 L. Oppenheim, International Law, Vol. I, 8th ed. by H. Lauterpacht, 1955, p. 876日本「尖閣列島研究會」的前引註二八的文中，認為一九六八年的「中華民國年鑑」，將臺灣最北端列為彭佳嶼，所以是我國政府「否認其對尖閣列島的主權」，見該文頁十五。這種說法完全是沒有道理的，「中華民國年鑑」上漏印的中國小島甚多，因為我國有幾千個島，年鑑或其中地圖上怎可能列得完全。日本有不少地圖也未列入釣魚臺列嶼，例如，一九三六年的「日本滿洲國年鑑」所附地圖就是一例（見圖九）Japan-Manchoukuo Yearbook, 1936, Tokyo;「大日本府縣別地圖並地名大鑑」，東京：大日本地理學會編纂，昭和十四年（一九三九年）出版，也沒有記載釣魚臺列嶼或尖閣羣島。

註八三　Continential Shelf 國內有譯為「大陸棚」、「大陸架」、「大陸臺」、「大陸基地」、「大陸沙洲」或「大陸灘」者。見劉伯倫，「大陸灘制度的研究」，載「社會科學論叢」，第十輯，臺北：國立臺灣大學法學院，民國四十九年出版，頁二三四一二三五。

註八四　見 Scientific Consideration Relating to the Continental Shelf, Memorandam by the Secretariat of the UNESCO, September 20, 1957, in United Nations Conference on the Law of the Sea, Official Records, Vol. I: Preparatory Documents, (U.N. Sales No. 58, V.4. Vol. I), pp. 39-40.

註八五　引自第一屆立法院，「立法專刊」，第三十九輯（第四十五會期），立法院秘書處編印，頁二八。公約原文見 United Nations Treaty Series, Vol. 499, p. 311.

註八六　「立法專刊」，第三十九輯，前引註八五，頁二十九。

註八七　見 American Journal of International Law, Vol. 63. No. 3. (July 1969) pp. 591-631.

註八八　國際法院規約第五十九條規定，「法院之裁判除對於當事國及本案外，無拘束力」。

註八九　見「中國時報」，一九七〇年九月三日，頁一，所載該報東京消息：「目前日本政府對釣魚臺列島的基本主張雖尚未完全解決，但據外務省方面透露，將爲以下二點：一、根據大陸礁層公約，由中日兩國會商決定大陸礁層的境界線。二、如果中日兩國不能獲致協議，則根據大陸礁層公約，以兩國之中間線爲大陸礁層的境界線。」

另外，臺獨份子除主張釣魚臺列嶼（其用日文「尖閣羣島」）是日本領土，中國政府與人民的正義與合法主張是「海盜」行爲外，並替日本劃策說是「以該列嶼來跟中國劃分『東海大陸礁層』中間線的話，日本最低限度還可以保有二十萬平方公里的海域。」

」見東京「臺灣民報」，一九七〇年九月十五日，頁一，全文轉載於「中華雜誌」，第九十四號（民國六十年五月）。

註九〇　參閱 Marjorie M. Whiteman, Digest of International Law, Vol. 4, Washington: U.S. Government Printing Office, 1965, pp. 916, 917.

註九一　Ibid., p. 913。

註九二　見 United Nations Conference on the Law of the Sea, Official Records, Vol. VI: Fourth Committee (Continental Shelf), Geneva, 1958, p. 95.

註九三　Shigeru Oda, "International Law of the Resources of the Sea," in Academie de Droit International, Recueil des Cours, Vol. 127 (1969-II), Leyden: A. W. Sijthoff, 1970, p. 452.

註九四　Juraj Andrassy, International Law and the Resources of the Sea, New York: Columbia University Press, 1970, pp. 103-104.

註九五　Ibid., p. 105.

註九六　「立法專刊」，第三十九輯，前引註八五，頁三十一。我國批准書於一九七〇年十月十二日存放於聯合國秘書處，見 UN Monthly Chronicle, Vol. VII, No. 10, November, 1970, p. 185.

註九七　臺北：正中書局，一九五三年臺五版，頁七。但應注意初版中似未列入琉球。

註　九八　「天津民國日報」，一九四七年九月二十四日，頁一。

註　九九　同上，十月十九日，頁一。

註一〇〇　「日舊領小笠原羣島美將實行戰略託管，並將拒絕我國收回琉球要求」（中央社華盛頓二十五日合衆電），載「天津民國日報」，一九四八年二月二十七日，頁十。

註一〇一　備忘錄載「行政院函復對美國逕將奄美大島交與日本一案處理情形請查照案」，中華民國四十二年十二月二十二日臺四二（外）七四九六號。載「立法院公報」，第十二會期第八期（民國四十三年一月十五日），頁八八——八九。

註一〇二　此一問題詳見，丘宏達，「琉球問題研究」，載「政大法學評論」，第二期，一九七〇年六月，頁一——十二。

註一〇三　見註一五及所引之文。

註一〇四　見註九六及所引之文。

註一〇五　「立法專刊」，第三十九輯，前引註八五，頁七〇——七二。

註一〇六　該條例第一條。

註一〇七　「中央日報」，一九七〇年十月十六日，頁一。

註一〇八　同上。

註一〇九　可靠方面消息。

註一一〇　同上。

註一一一　「中央日報」，一九七一年四月十一日，頁一；「星島日報」，香港，一九七一年四月十一日。
註一一二　「釣魚臺列嶼問題」，臺北：海外出版社，一九七一年三月出版，頁三。
註一一三　同上。
註一一四　合衆社臺北二月十日電，載「星島日報」，香港，一九七一年二月十一日。
註一一五　可靠方面消息。
註一一六　同上。
註一一七　「星島日報」，香港，一九七一年四月二十四日。
註一一八—一二〇　可靠方面消息。
註一二一　中央社華盛頓四月九日華盛頓專電，載「中央日報」，一九七一年四月十一日，頁一。
註一二二　「中央日報」，一九七一年四月十一日，頁一。
註一二三　"Chinese Sovereignty Over Islets Beyond Doubt: Wei," The China News, April 21, 1971, p. 8.
註一二四　見註七八及所引之文。
註一二五　可靠方面消息。
註一二六　同上。
註一二七　「中央日報」，一九七一年六月十二日，頁一。

註一二八　同上，六月十八日，頁一。條約全文見，Keesing's Contemporary Archives, Vol, No. XVIII (1971-1972), pp. 24715-24716.

註一二九　美聯社華盛頓四月十七日電，載「中央日報」，一九七一年六月十八日，頁一。

註一三〇　「中央日報」，一九七一年六月十八日，頁一。

註一三一　見註七九及所引之文。

註一三二—一三五　可靠方面消息。

註一三六—一三八　可靠方面消息。

註一三九　教育部公文見，「教育與文化通訊」，第二卷，第二期，一九七二年一月十六日出版，頁二。

註一四〇　一九七二年二月一日「中國時報」二版已簡略透露這個消息。

註一四一　可靠方面消息。

註一四二　見註七一及所引之文。

註一四三　「外交部對日和約研究委員會編譯室稿四十年九月」，載「金山和約與中日和約的關係」，臺北：中華民國外交問題研究會，一九六六年出版，頁九一。

註一四四　「日本問題文件彙編」，北京：世界知識社，一九五五年出版，頁六十九。

註一四五　「中華人民共和國對外關係文件集」，第六集（一九五九），北京：世界知識出版社，一九六一年出版，頁四七三。

註一四六　「人民日報」，一九七〇年十二月四日，頁五。
註一四七　同上，一九七〇年三月二日。
註一四八　「大公報」，香港，一九七一年十一月八日，頁二。
註一四九　「人民公報」，一九七一年十二月三十一日，頁一。
註一五〇　英文全文見"U. S. Red China Announce Measures for Return of Civilians," Department of State Bulletin, Vol. 33, No. 847, Septrmber 19, 1955, p. 456；中文全文見，中華人民共和國外交部編，「中華人民共和國條約集」，第四集，北京：法律出版社，一九五八年出版，頁一。
註一五一　全文在國內刊在「中華雜誌」，第一〇五期，一九七二年四月號，頁二十二—二十三。
註一五二　「中央日報」，一九七一年十月廿七日，頁一。
註一五三　依據中日和約第十二條的規定，關於和約的解釋，雙方如果爭執，必須依和平方式解決。我國目前主張釣魚臺列嶼因爲馬關條約之廢除而應歸還中國，就是牽涉到中日和約的解釋。
註一五四　我國因爲已退出聯合國，所以現在無從利用聯合國的國際法院。雖然聯合國憲章第九十三條第二項規定，非會員國「由大會經安全理事會之建議」，也可以利用國際法院，但現中共已佔據安理會及大會的中國席位，所以沒有可能可以透過這個途徑利用國際法院。

除此之外，國際法院的管轄權也是基於當事國事先或事後的同意，並無一般的强制管轄權。而日本一九五八年九月十五日接受國際法院强制管轄權聲明中，又將其範圍限於在該日後的「情勢或事實」（situations or facts）而引起的爭端。International Court of Justice, Yearbook 1969-1970, The Hague: I.C.J., 1970, pp. 62-63。有關釣魚臺列嶼問題的事實或根據，如中日馬關條約、中日和約、金山和約等，都是在一九五八年以前發生的。所以卽使中華民國仍在聯合國內，也無法片面向國際法院對釣魚臺列嶼問題提起訴訟。

註一五五　日本學者中也有主持正義認爲釣魚臺列嶼應歸還中國的，見井上淸，「釣魚列島（尖閣列島等）的歷史與歸屬問題」，載「歷史學研究」，第三八一號（一九七二年二月），日本：歷史學研究會，青木書店出版，頁一一一八。

（補充說明）

一九七二年九月廿九日日本與中共簽署聯合聲明「建立外交關係」，聲明中對釣魚臺問題隻字不提。日本首相田中角榮對記者說，周恩來告訴他：「不要在此爭論該項問題，它究竟是很難從地圖上指出的一小點，而引起問題祇因爲在該列嶼周圍發現油源。」（註一）我國政府已表示對釣魚臺列嶼主權之主張，不因中日斷交而受絲毫影響。（註二）

註一　東京一九七二年十月一日美聯社電所引日本共同社消息，載十月二日香港各報，引自「留學生評論」，第六期（一九七二年十一月廿日美國芝加哥出版），頁一。

註二　一九七二年十一月十四日行政院答覆立委質詢，載「中央日報」，國際航空版，一九七二年十一月十五日，頁一。

胡宗憲「籌海圖編」首卷，「沿海山沙圖福建界」（一五六一年）說明：本圖將釣魚嶼、赤嶼、黃毛山等都列入明朝海防範圍。

圖一

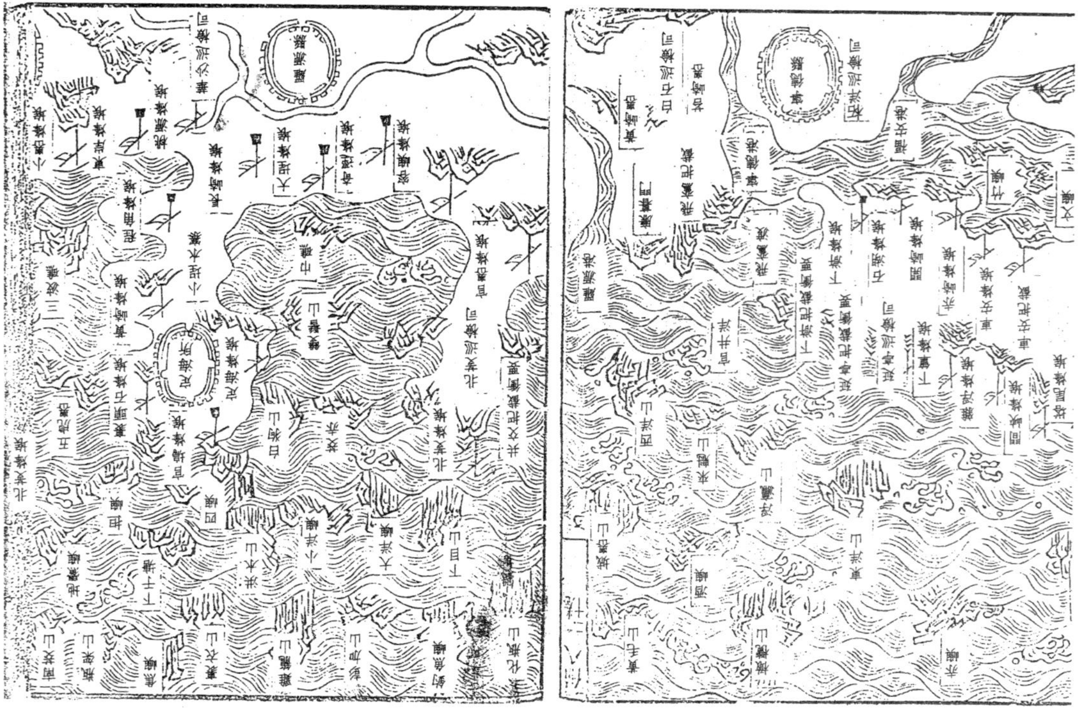

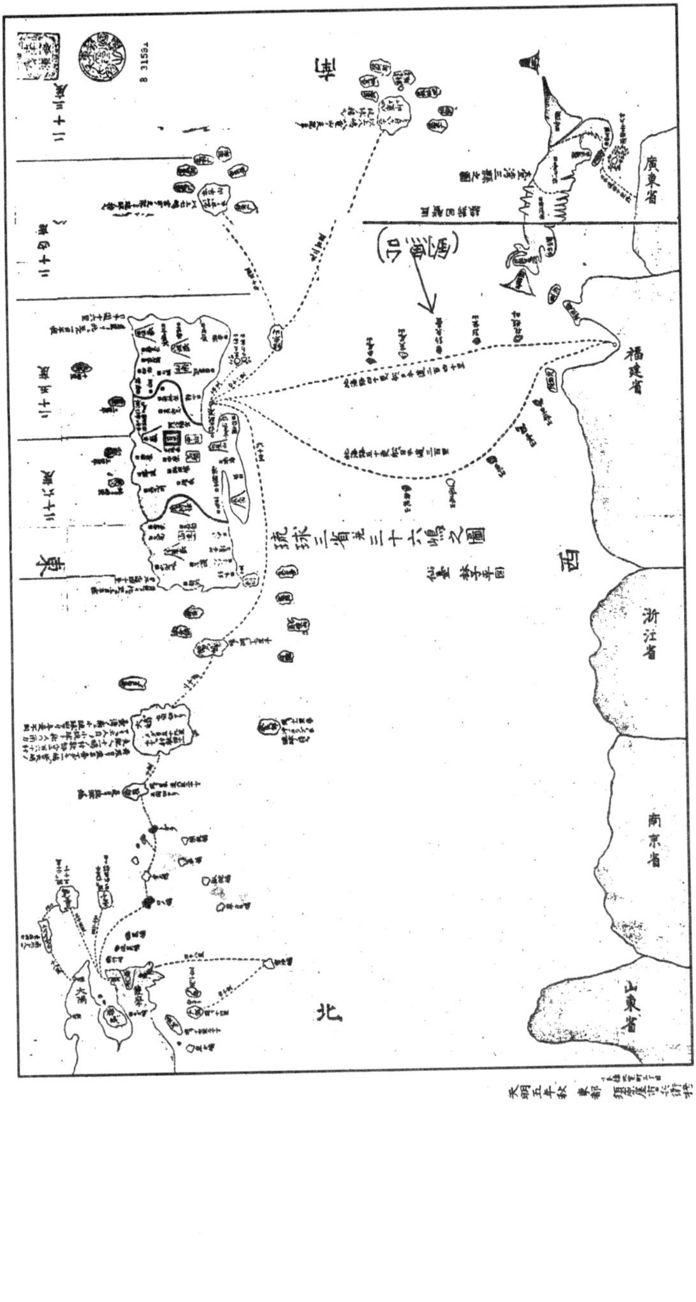

圖二

林子平「三國通覽圖說」附圖「琉球三省及三十六島之圖」（一七八五年）

說明：原圖彩色，釣魚臺各島與福建省均列為粉紅色（櫻色）。

圖　三

The Empire of China with its Principal Divisions, London, 1790.

説明：彭佳嶼譯爲 Pon-kia, 花瓶嶼譯爲 Hoan-pin-su, 釣魚臺譯爲 Hao-yu-su, 赤尾嶼譯爲 Tshe-oey-su.

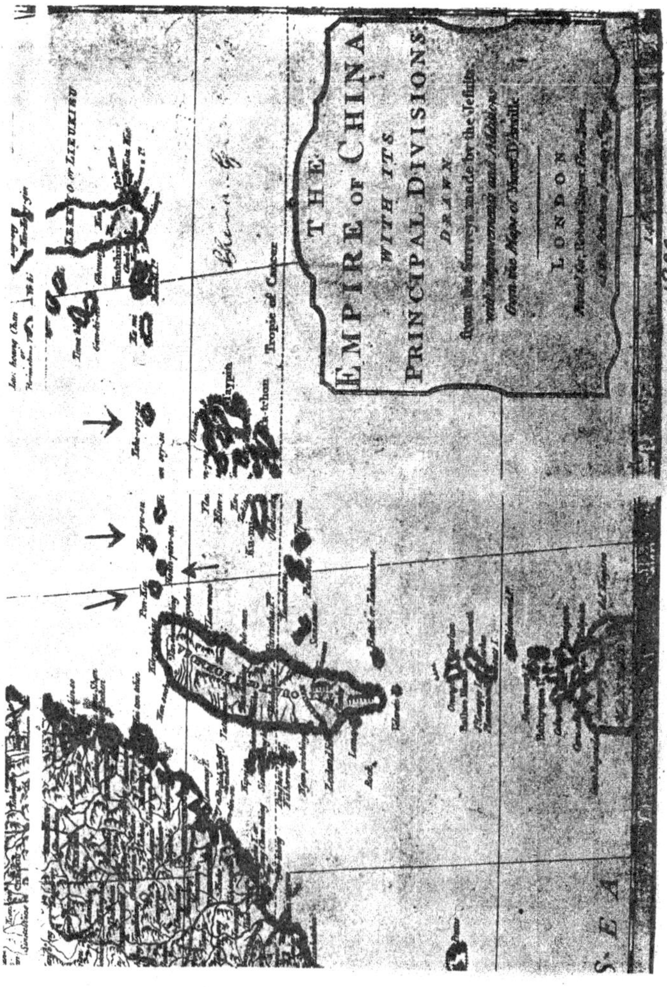

圖　四

James Wyld, **Map of China,** London, 1840.

說明：本圖用之 Tia yu su 似係指黃尾嶼，而用 Hoa pin sin 來表示釣魚臺。

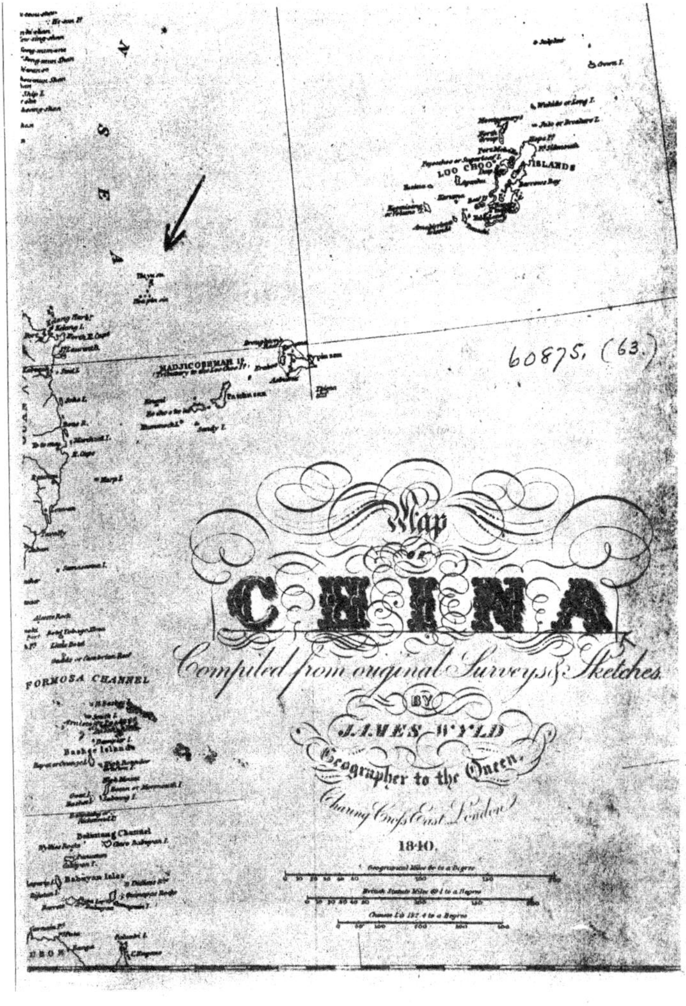

圖　五

New Map of China, London: G. F. Cruchley, 1858.

説明：圖中釣魚臺用中國名稱譯音爲 Tia-yu-su.

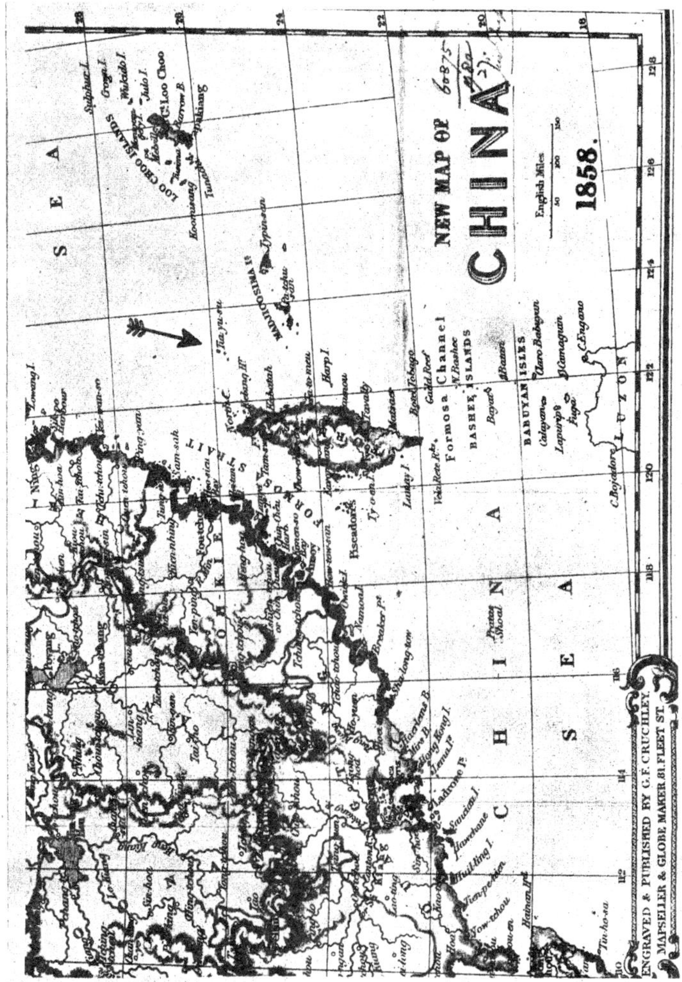

圖　七

大槻文彥製，「琉球諸島全圖」，日本：煙雨樓藏版，明治六年（一八七三年）銅刻。

説明：本圖琉球南部諸島範圍，明白顯示無釣魚臺列嶼在内。

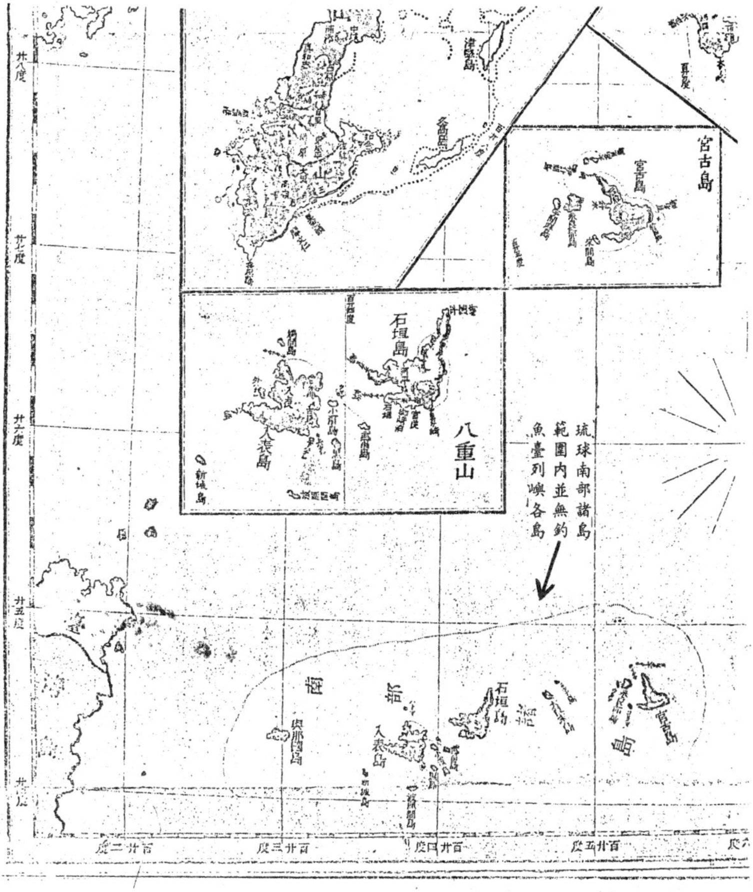

圖　八

Map of China, Japan and Korea, London: G. W. Bacon & Co., 1894.

說明：釣魚臺譯爲 Hoapin-su, 黄尾嶼譯爲 Ti-a-usu, 赤尾嶼譯爲 Raleigh Rk.

圖　九

Japan-Manchoukuo Yearbook 1936 Issue, Tokyo: Japan, Manchoukuo Yearbook Co., 1936.

說明：本圖係附在「日本滿州國年鑑」（一九三六年）中，其中並無尖閣羣島 (Senkaku Islands, 即我國的釣魚臺列嶼）。

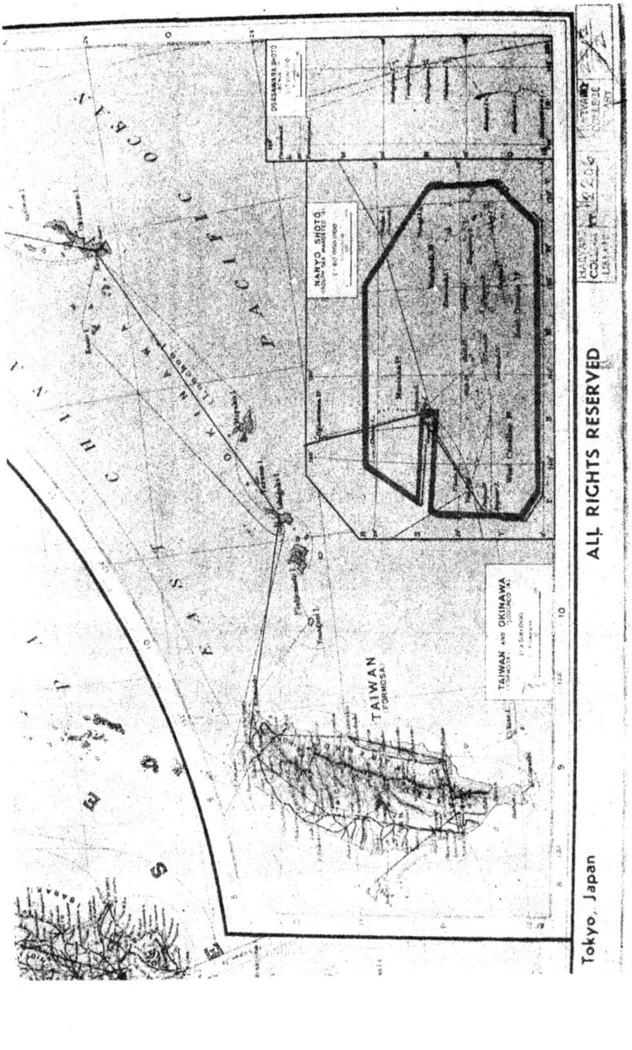

圖　十

J. G. Bartholomew, **The Times Survey Atlas of the World,** London: Times Printing House, 1922, plate 65.

說明：日本竊據臺灣與釣魚臺列嶼多年後，其擅自改用的「尖閣羣島」一詞仍未得到普遍承認採用，本圖（一九二二年出版）就是一例，圖中用 Hoa-pin-su 表示釣魚臺，Tai-a-usu 表示黃尾嶼。

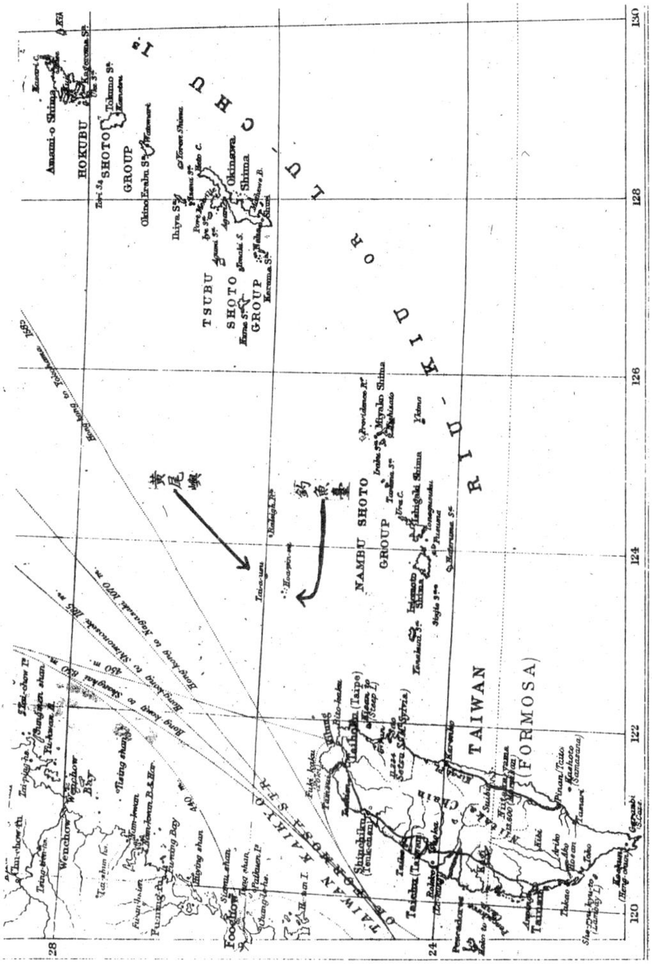

圖十一

University of Maryland school of Law (Baltimore),

CONTEMPORARY ASIAN STUDIES SERIES Number 1-1999 (150)

Hungdah Chiu, "An Analysis of the p.150 Sino-Japanese Dispute over the T'iaoyutai Islets"(Senkaku Gunto)p.26 Baltimore, Maryland, U.S.A.

LA MAPPEMONDE PROJETTÉE (《坤輿全圖》)

〔作者與出版年代〕A MONSEIGNEUR LE DAUPHIN de GY en Franche-Comté .MDCCLXXIVY.(1774) de l'Académie royale des sciences de PARIS.

〔藏所〕哈佛大學圖書館地圖書

說明：本圖為1774年巴黎皇家科學研究院法藍西—康泰省王儲殿下繪製的《坤輿全圖》，用緯度圖法繪成，與1760年法國入華耶穌會士蔣友仁為祝賀乾隆皇帝五十壽辰繪製的《坤輿全圖》的赤道圖法有所不同。但從圖形與填注的地名來看，此圖明顯地吸取了蔣友仁圖中所繪中國沿海部分的成果。其中，臺灣附屬島嶼東北諸島繪有六處島型，因紙幅局限，省寫雞籠山、花瓶嶼、彭佳山、釣魚嶼、黃尾嶼，而只填注赤尾嶼，法文寫作Tche-oey-su，這表明此圖作者完全清楚赤尾嶼是中國東海最東方的島界，因而填注十分得體。在琉球方面，填注姑米（Kumi）、硫黃島（I.du soufre）野几（yeki，即葉壁山）、琉球島（I .Lekyo）、大島（I.Tatao）、几皆（Kikiay，即奇界）等屬島，亦皆與蔣友仁圖之音譯相同。（見鞠德源著，《日本國竊土源流釣魚列嶼主權辯》，首都師範大學出版社）

乾隆《坤輿全圖》局部（藏南京中國第一歷史檔案）

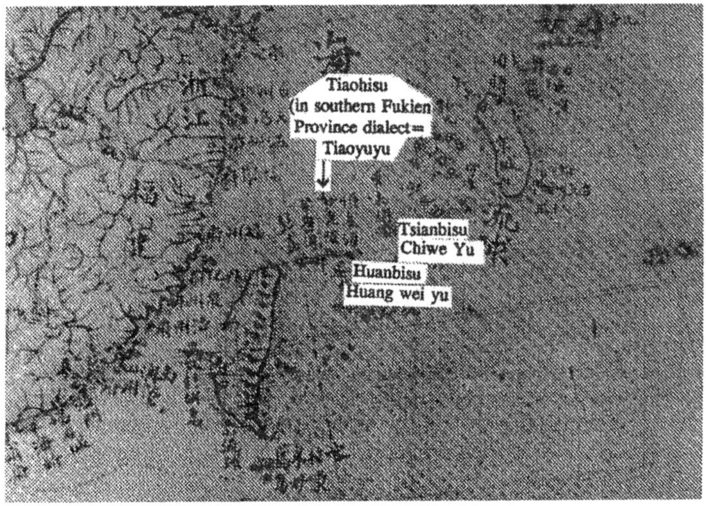

圖十二

Columbus Weltatlas, Berlin/Stuttgart, 1950, p. 50.

說明：到一九五〇年仍有外國地圖用我國名稱 Tai-a-usu 表示黃尾嶼，Hoa-pin-su 表示釣魚臺。

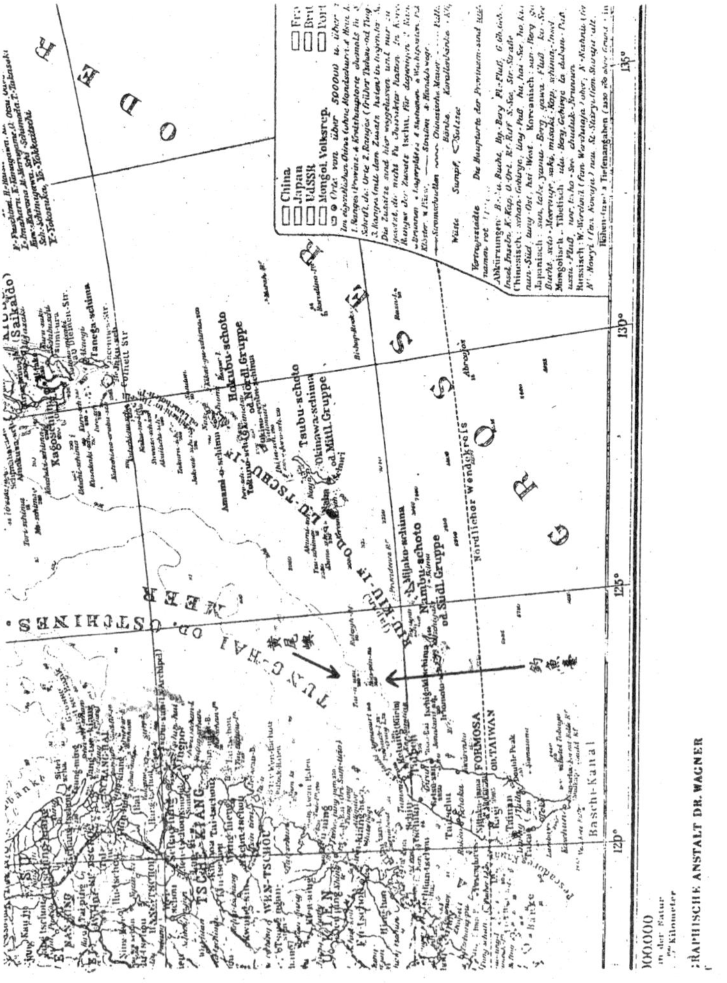

附：井上清論釣魚列島的主權問題

郭明山

一九七二年六月出版的「中國研究月報」第二九二號刊登日本井上清教授一篇長文，題目爲「釣魚諸島」的歷史及其領有權（再論）」，全文長達四十六頁，共分十四段，並有二幅地圖——⑴胡宗憲「籌海圖編」首卷，「沿海山沙圖福建界」；⑵林子平「三國通覽圖說」附圖，「琉球三省並三十六島之圖」。文中對釣魚列島應屬中國領土的根據，有詳細說明，特別是第五及第六段（該文第十三—十七頁），足以爲補充說明及支持本文的某些部份論據，因此特請郭明山先生譯出於下。

日本的先覺者亦明記(釣魚臺列嶼)係屬中國領土

過去我曾特別專論明朝的陳侃、郭汝霖、胡宗憲，及清朝的汪楫、徐葆光、周煌、齊鯤的著作。由中國方面的文獻看來；中琉的疆界係在赤尾嶼與久米島之間；由此足證釣魚臺列嶼並非琉球領土，亦非無主土地。中國方面已作了很明顯的考證；認爲至遲至十六世紀以來，該列嶼卽屬中國領土。這個結論的正確性，日本方面的有關文獻，記述得更爲明白，該文獻，乃……林子平的「三國通覽圖說」之「附圖」

「三國通覽圖說」—以下簡稱「圖說」—此五張附圖，最早係於天明五年（一七八五年）秋，東都須原屋市兵衛發行並出版，該書我在東京大學附屬圖書館見到，該「琉球三省幷卅六島之圖」，寬五四・八公分，長七八。三公分，中央題「琉球三省幷卅六島之圖」，其左下署名「仙台林子平圖」。這幅地圖係彩色印刷，東北起自日本的鹿兒島灣附近，以至於南方的土噶刺列島，係塗灰綠色；自奇界（鬼界）島以南之奄美大島、沖繩本島迄宮古、八重山群島的琉球王國領土，係塗茶色。西方自山東省至廣東省的中國本土著粉紅色（原文記爲櫻色—譯者註）。至於臺灣及「澎湖卅六島」則著黃色。自福建省的福州至沖繩本島的那覇之航路，有南、北二航道；在南航道中，自西至東排列著花瓶嶼、彭佳嶼、釣魚臺、黃尾山、赤尾山。這些島嶼全部與中國本土一樣是塗上粉紅色。北航道諸島（如南杞山、鳳尾山、臺山等—譯者加註）亦與中國本土著同色。

註一：沖繩之北，自我國（日本）的與論島至鬼界島，係奄美大島的主島，本係琉球王國的領土，一六〇九年島津氏征服琉球王國之後，這些島嶼就成了島津氏的直轄領地。「中山傳信錄」的作者和林子平對於該事知之甚稔，儘管如此；這些島嶼亦被其列入琉球卅六島之範圍，此乃中、日、琉學者共通之點。

琉球的蔡溫對其父所著的「中山世鑑」之訛誤加以改正，而作成了正確的「中山世譜」（一七二五年序），在其首卷載有「琉球輿地名號會記」與地圖。況乎全琉球係中山以及卅六島組成，鬼界島亦屬琉球。自子平之前的新井白石（一名新井君美—譯者加註）所著之「南島志」（一七一九）亦如此記載。

註二　臺灣著色與中國本土不同，未悉何故？釣魚諸島係福建省屬島，這個大島（指臺灣—譯者註）

係同屬中國領土，抑係獨立地域，或許子平是知道的吧！在「圖說」的附圖之中，復述及東亞全圖，如此看來，子平並非不悉小笠原羣島係日本領土，而著色却和日本不同。就子平之圖看來，不同顏色未必就是區分國別。

由該圖：可知子平毫無懷疑的認爲釣魚諸島係中國領土，一目瞭然，其文意堅定，毫無牽强附會的解釋之餘地。在「圖說」的「三國通覽輿路程全圖」和「朝鮮、琉球、蝦夷並尼卡拉夫卡（ニカテフカ）、加母薩斯卡（カムサスカ）、海獺（ラツコ）等數國接壤的形勢圖」，以日本爲中心，北至勘察加半島（カムチヌツカ），南有小笠原，西則爲廣大的中國範圍。可以說是包括了東亞全圖。釣魚諸島那樣小的島嶼—除了描述大部分大島外—也很明白的描述出與中國本土同顏色。關於子平的「圖說」；各國的範圍，有那樣境界分明，而又具決定性的重要之精簡劃分，莫過於釣魚諸島了。

子平的琉球圖，在其「圖說」的序文中說：「對此數國之圖，我何敢杜撰……琉球，可援以前的中山傳信錄爲證。」，「中山傳信錄」的地圖有其根據，但是子平並非囫圇吞棗，毫無批判的全盤接受。子平對於「中山傳信錄」以及子平時代的日本人之研究琉球，達到了最高峯，如新井白石的「琉球國事略」等之研究，再加上他自己的見聞而寫下了「圖說」的本文及地圖，因此在「傳信錄」的地圖裏，未以顏色劃分國別，林子平乃加上顏色，以資辨別。

關於此事，早先琉球政府聲明謂：「子平對『中山傳信錄』的卅六島以外的琉球領土，如釣魚島等，機械式的著與中國領土同顏色，此種主張是毫無價値的。」，如上所述是多麼的可悲又理屈的說法。子平決非以「機械性」的顏色來作一區分。該圖已明白顯示，亦卽他對中國領土知之甚稔。臺灣、澎湖著與中國本土不同的顏色，釣魚諸島則著與本土同顏色。上述並無「機械性的」劃分之意。子平潛力研究「中山傳信錄」，而瞭解久米島係「琉球西南方界上鎭山」，該文我已在前節作了解釋，此乃中、琉的疆界，至於釣魚諸島乃中國領土，實無可置疑。就此說來，該事特別明顯，乃以顏色加以區分。

實際上；「中山傳信錄」對於姑米島之註解，郭汝霖和陳侃的使記，已經引用而作了相同的記述。很明顯的意卽自久米島以東屬琉球，其西諸島則爲中國領土，以漢文之文法、語意看來誠屬極其自然。關於此，像奧原那派對中國古人的文章的讀法；完全以法律條文那樣的解釋，姑且認爲是帝國主義的意圖牽强附會也不爲過。

我在「歷史學研究」二月號，載述釣魚島的沿革，並參照了天明五年版的「三國通覽圖說」及其「附圖」。當時我用了一九四四年東京的生活社所出版的「林子平全集」第二卷的活版本。該附圖亦係以顏色作國別，我祇不過引用子平的地圖，指出釣魚諸島與琉球的區別罷了。現在看看原版，不是這樣明顯的以顏色指示出（釣魚羣島）是中國領土嗎？

不僅如此，在京都大學附屬圖書館的谷村文庫裡，有二種「琉球三省幷三十六島之圖」的彩色鈔寫本。其中有「林子平圖」的「三國通覽圖說」那樣的說法，再看看子平所寫的圖，卽可明瞭。該枚（卽該書附圖中的甲圖）係「圖說」的五枚附圖—蝦美、琉球、小笠原島諸圖，以及前述以日本爲中心的「數國接壤形勢一覽小圖」—係以很好的日本紙彩劃的，大部份是出自同一人寫上的一組。該國分別將琉球著赤茶色，中國本土及釣魚諸島等著淡茶色，日本著青綠色，臺灣、澎湖著黃色。

還有另一種圖（這枚名爲乙圖），則分別將琉球著黃色，中國本土與釣魚諸島著淡紅色（原文記爲櫻色，譯者註），臺灣著（深）灰色，而日本則著綠色。

在谷川文庫裡還有三種的「三國通覽圖說」附圖的「朝鮮八道之圖」的鈔寫本，其中之一種爲前述琉球圖的甲圖一組。另一種係前述琉球圖的乙圖，乃相同的紙質，可能是同一作者所寫的筆跡。就此說來，該朝鮮八道圖及乙組琉球圖，係原來的藏書人所有，故亦可推知印上了相同的印章。所餘一種係依原本精密摹寫而成，這組的琉球圖可推是爲與其他的寫本沒有不同，如果是那樣的話，便可謂爲出自原版的其他琉球圖之寫本。「三國通覽圖說」的附圖五枚一組的寫本，至少有三種，更且在京都大學國史研究室，還有種江戶時代的彩色寫本之「琉球三省幷卅六島之圖」。

如衆所周知的，林子平該「三國通覽圖說」以及「海國兵談」的著作，因出版而被幕府處罰，該版本亦被沒收。他是日本近代民族意識的先驅，他著述了「圖說」，稔知日本周圍的地理，認爲無論是德川幕府、諸藩或者是種種的封建領主對於日本的國防，毫無總體的防衞。因此對於超越世界的「日本」之國防自有加以考慮的必要。尚且，對於那樣重要的知識，不能僅讓幕府和諸藩的人員或是武士階級獨占。他主張「本國人，無分貴賤，不分文武（官員）」—非群起鼓吹日本民族不行—因爲事關「日本」的國防之日本民族的問題，因此，毫無猶豫的出版了該書，並且將附圖著上顏色，俾能對不同國家的位置關係一目瞭然而毫不費心。

這樣的一個知識份子，膽敢將日本的國防訴諸日本人民，的確是近代的民族主義的思想與行動，然此舉却觸怒了掌握封建的德川幕府。儘管如此，子平却代表了日本近代民族意識的成長，亦爲其支持者。職是之故，子平該書被禁止發行、出售。然「海國兵談」和「三國通覽圖說」被爭先搶讀、談論、抄寫並廣加流傳。

而且，「三國通覽圖說」早於一八三二年被法國的東洋學者（卽研究有關東方的學者，譯者註）M.J.Klaproth 譯成法文出版。附圖亦如同原書以彩色印刷。由此可知：本書是多麼的引起了國際上的重視。尚且，釣魚諸島係屬中國領土，西洋人亦知之甚稔。

註　大熊良一「竹島史稿」廿二頁之本文及廿七頁之註釋，載有介紹關於 M.J.klaproth 的經歷及其圖說的翻譯本。在臺灣的「政大法學評論」第六期中，亦有該書（「三國通覽圖說」之附圖）的彩色印刷之圖版。（譯者註：卽丘宏達，「釣魚臺列嶼問題研究」一文附圖。）

林子平那樣的日本民族自覺的先驅者，當時亦係中國人、琉球人與及日本人研究琉球地理的鼎盛時期。其集大成者爲徐葆光和新井白石之著書，作深入研究，總括了日本民族研究國防之寶鑑。子平因反抗德川幕府的彈壓，而敢於出版該書，並在愛國的知識份子之間廣爲傳佈，且該書之圖亦引起了國際上的重視。該圖明記釣魚諸島係屬中國領土，而該書之記述，却被明治天皇制度下的軍國主義者及其子孫——現代帝國主義及其同路人——日本共產黨等公然漠視，而指釣魚諸島是無主土地，豈不是太過牽强了嗎？

對「無主地先占之法理」的反駁

有關琉球與釣魚臺列島之歸屬問題，由十六世紀到十八世紀的中國人，琉球人及日本人所寫的最佳文獻中，我們很明顯的可看出：釣魚臺列島是屬於中國領土的一部份的；這些記載都很一致，沒什麼出入。

可是，後來這種說法却引起了爭論，有人認爲：對這些島嶼的歸屬問題一再提出國際法上無主地先占之法理，非加以反駁不可。

對琉球與釣魚臺歸屬於中國的看法提出異議的，像一八八五年的內政部官員山縣有朋，他是個天皇制軍國主義最熱烈的推進者，最大的指導者；他也是個陸軍中將。他以及他的同夥人明知明朝、清朝時中國人就已知道有釣魚臺列島的存在，而且也用中國名字來命名這些島嶼，同時並用文字記錄下有關資料；可是，這夥人却主張：當時的中國政權對此些島嶼「並無主權支配力所及的痕跡」，而且他們又主張：在國際法上領土之先占必以主權之實際效力所能直接支配爲條件。

因此，這項國際法究係何物？京都大學教授田畑茂二郎在他所著的「國際法」（有斐閣「法律學全集」，此書爲現代日本標準的國際法解說書）中，對國際法之成立有如次的見解：卽在歐洲近世的主權國家相互間，爲了維持並壯大自己的勢力起見，互相展開激烈的權力鬪爭；爲了不使這種鬪爭陷於無限制的局面，因此，乃訂出一項合理的規則以爲規範，國際法於焉產生。而這種「合理的規則」，依我個人的見解，只不過是爲了强者的利益而已。這尤其在有關「無主地先占之法理」上更爲顯著。田畑先生又繼續說：

「與戰爭問題同樣，大大地刺激了近世國際法學者的思索的，乃是有關新大陸，新航路的發現而展開的問題。爲了獲得殖民地，爲了獨占國際商場，激烈的國家間之鬪爭於焉產生」。在這種殖民地爭奪戰的激烈化聲中，「爲了共通規律國家間之行動（這種場合中，大半都是基於要使自己國家對他國之行動正當化的動機而來），於是有關國際法的討論乃紛紛而來，在有關領土取得的主權根據上，有人提出了先占的法理，這法理也爲他人所承認，國際法就是這麼一回事」。

「為了使本國對他國的行動正當化（或合法化，譯者加註）」之故，提出了先占的法理，而它也成了國際法；其實這只是對强國有利的論調而已。在無主地先占論上有個很典型的例子，那便是西班牙人、葡萄牙人將美洲、亞洲、非洲等大陸，以及太平洋諸島，一個接著一個地將它們視為自己的領土，將它們殖民地化，他們都是通用著「優先發現」的原則來使他們的行為正當化。後來荷蘭與英國相繼崛起，成為西、葡兩國的競爭對手，為了凌駕西、葡兩國，荷蘭的法學者格老秀斯便叫出了「先占的法理」；英、荷兩國依這理論而行，這個法理乃因此成了國際法。

先占的「法理」這個東西，實在只是歐美殖民地主義，帝國主義之利益而存在；「無主地」的定義是什麼？比田畑教授還更為早期的國際法學者橫田喜二郎（他是東京大學的名譽教授），在他所著的「國際法」（有斐閣法律學全集）中，他認為：無主地「最明顯的是：它是塊無人的土地」，但「在國際法上的無主地，並非是塊無人的土地而已，而且那已經有人居住而又不歸屬於任何國家的土地，也算是無主地。由歐洲各國所先占的非洲便是一個很好的例子。因非洲以前已經住有未開化的土人，而這些土人並沒有組成國際法上的國家。因此，這些土地也是無主的土地」（九八頁）。這種無主地的定義，又正是近世歐洲主權國家任意下的定義嗎？這種定義正好是做為他們侵略全世界、壓抑各民族的工具。

橫田氏對於先占「法理」的成立也說：「由十五世紀末的新發現時代開始，到十八世紀初，在新的陸地與島嶼之發現的場合中，無不由發現國把它宣稱是自己的領土，掛上了本國的國旗，並以十字架或其他標柱記明他們已取得該領土」。但是，到十八世紀末，僅是像上述那樣的作法已無法取得領土了，他們「非現實地占有並利用該土地不可」、「先占非有實際的效果不可」，這些理論便出現了。所謂先占必須有實際效果，也就是說，須將無主地作現實的占有，並須對該地擁有有效的支配權利（卽主權之實際行使，譯者加註）始足當之。爲了這個緣故，設立某種程度的行政機關在這個無主地上是有必要的。同時，爲了維持秩序，他需要有警察的力量。在很多場合中，甚至連兵力的配備也是必要的」。

這並不爲什麼之以軍事、警察的實力來奪取一塊土地並繼續保持這個勝利的成果。像這樣的近代歐洲之强國，爲了使他們掠奪他國民族的領土合法化才提出這個先占的「法理」，而它竟成爲現代帝國主義做爲所謂的「國際法」而適用。它的合法性之有無我們暫且不論，而忽視了歷史，忽視了產生這種法理的特殊背景，一味地援用先占法理，這正是現代帝國主義不講理之處。

在歐洲各國所謂的領土先占要件中，在十六、七世紀時，對新土地的發現者便承認他是該地的領有者，如果適用這種法理，釣魚臺列島便應是中國的領土了。何故？因我們有確實的證據，證明了中國人發現這塊土地，在這些土地上並以中國名字來命名，而且在中國的官方記錄中，卽册封使之使錄中便對這些島嶼的種種資料有了記載。而且在這本使錄中有關釣魚臺列島的記載之部份，也被琉球王國宰相向象賢引用做爲琉球王國的年代記事事項之一部份，並承認該列島爲中國領土。日本近代的民族主義之先驅者林子平對這點也承認了。西洋的東洋學者亦然。總之；國際上無不確認這列島爲中國領土。不過，這却是十六世紀或十八世紀才如此，到了二十世紀如適用帝國主義的國際法理時，則中國並不具備先占釣魚臺之條件，也就是說它還是塊無主地，這是爲什麼呢？

因爲現代帝國主義之先占理論乃是：「先占非有實際效果之表現不可」（意卽須是實際上之占領，譯者加註）；如果將釣魚諸島適用這理論的話，則在這些無人的小島上，並沒有任何行政機關存在；對明、清朝說來，要在這些島上設行政機關是不可能的，而且也是沒有用的。有關現代的先占理論，橫田氏曾有如次的見解：「依照先占土地狀態之不同，這個原則（先占須有實效的支配爲前提之原則－井上）不能一成不變的適用；有些地方是沒有適用的必要的。比如說：在無人島的場合中，行政機關的設置與警察力量、軍事力量的配備，就沒有實際上的必要。也就是說，在小島上不能住人的情況下，這些都是不可能也沒有設置的必要。」

明、清時代的釣魚諸島，就像現在一樣都是個無人定居的無人島，因此；要想在這島上發現現代所謂的實效的統治之痕跡（或稱證據，譯者）當然是不可能的。依橫田的看法，「在這種情況下，只須在該無人島附近的陸地與小島上，設置行政機關與警察力量，如果無人島成爲海盜的巢穴時，這些軍警便須常常去巡邏、緝捕，並做行政的取締工作。如果必要的話，在相當的時間內，派遣軍艦與飛機去巡邏與支援，這就很足夠了」。

當然啦！這些配備在現代都是可能有的；可是，軍艦與飛機，無綫電報機、雷達這些新東西，古代怎麼可能有呢？而且；依據橫田氏的看法，如果不能住人的小島不成爲海盜的巢穴的話，那麼不時去該小島巡邏的事也要成爲不必要了。這無疑是現代日本帝國主義政府及其同路人－日本共產黨的口吻－先占要留有實效支配的痕跡（證據）！明、清時代的中國人留給後代人的唯一證據乃是：確認釣魚諸島的位置，並爲它命名，指示去那裡的航路，並對有關該列島的資料一一記錄下來。「這些就已經足夠了！」而且明朝政府也只能做這些事了。以當時的土木建築技術，要在釣魚諸島上建立起半永久性的海盜巢穴是辦不到的。由於倭寇乘著中國沿海的荒蕪而進擾中國，因此，明朝政府乃擴張海上防衞區到釣魚諸島附近，有關防禦倭寇的方策之有系統的敍述之書本乃是「籌海圖編」，在該書上指出了釣魚諸島的位置與其所轄區域。這不正是橫田所說的「在無人島附近的陸地上，設置行政機關與警力，來做實際控制，……」嗎？因此，我們可說，釣魚臺除了劃歸明朝版圖外，不能劃歸他國。

照我這樣的說法，明、淸時代的中國政府與中國人並沒有，也不可能看到現代帝國主義的「國際法理」及要對釣魚臺實施「有實效性支配的先占」的種種說明。而在他們死後好幾百年的廿世紀，所謂「先占的法理」這個現代的名詞竟然加到他們早已認爲是他們的領土之上，這是他們做夢也沒想到的。他們早已確認釣魚諸島是他們的領土。卽使現代帝國主義的先占理論，也不能否定該島是中國領土的歷史事實；因爲明、淸人留下來的物證——書籍早已明明白白的記載著有關該島的資料了。

伍、香港法律地位之研究

——兼論中共對香港問題的態度——

自一九六七年左派份子在香港製造紛亂以來，國內外報刊及香港的報刊，都出現了一些有關香港「前途」的討論，不過這些討論多半從常識或政經觀點出發，並未對香港問題的法律面作有系統的研討，也未有系統的論及與香港交界的中共態度，本文的目的在從這二方面來研討香港問題。

一、英國統治香港的法律根據

公元一八四〇年英國爲了推銷鴉片，發動侵華戰爭，當時清朝政府武備不修，政治腐敗，因此被英國擊敗，被迫於一八四二年簽訂一個屈辱的和約，除賠款、開商埠等外，還割讓香港。條約中關於割讓香港的規定如下：「因英國商船遠路涉洋，往往有損害須修補者，自愿給予沿海一處，以便修船及存守所用物料，今大皇帝准許將香港一島，給予英國君主暨嗣後世襲主位者，長遠主掌任便立法治理。」（註一）

一八六〇年英法聯軍之役後，中英北京條約第六款又將香港對面九龍一帶割讓英國，該款規定如下：「前據本年二月二十八日大清兩廣總督勞崇光，將粵東九龍司地方一區，交與大英駐紮粵省暫充英法總局正使功賜三等寶星巴夏禮代國立批永租在案，玆大清大皇帝定卽將該地界付與大英大君主並歷後嗣，並歸英屬香港界內，以期該港埠面管轄所及庶保無事。」（註二）

到了公元一八九八年，英國又壓迫清朝政府將現在的九龍新界一帶，租借給英國，爲期九十九年，但九龍城仍歸中國管轄，關於這點，「中英展拓香港界址專條」中規定如下：「所有現在九龍城內駐紮之中國官員，仍可在城內各司其事。」（註三）

以上三個條約是英國統治香港的法律根據。値得注意的，是香港島及九龍一部是割讓英國，九龍新界一帶只是租借，而九龍城則仍歸中國管轄。不過這只是就法律上來說，從經濟上來說，如果九龍新界一帶歸還中國，香港一島及九龍一部無以自存，這是自明之理不必多談。

此外還有一點要注意，就是九龍城在法律上雖歸中國管轄，但在一八九九年五月六日，英國政府藉口該地中國官員暗遣官兵幫助同年四月十五日起發生的三日抗英暴亂，將中國官員驅逐（註四），所以自那時起，中國就實際上對九龍失去管轄權，據現在已公佈的記載，民國以來中國政府也未再與英國交涉，派遣官員治理九龍城。

二、國民政府對於收回香港的態度

一九一一年滿清政府被推翻，成立「中華民國」，中國的國勢似有轉機，不幸民國總統袁世凱妄圖稱帝，弄得國內大亂，其失敗死亡後，北洋軍閥又混戰一團，爭權奪利，惟恐不及，對於我國的不平等條約，包括割讓香港的條約在內，均無暇顧及。一直到國民政府於一九二八年正式成立，掃清群醜後，才有改變。國民政府於該年六月十五日，正式對外發佈宣言，堅決聲明廢除不平等條約的決心。宣言中雖未明示要收回香港，但由其發展的趨勢來看，香港遲早必要收回。

一九四三年一月十一日中英簽訂「取消英國在華治外法權及其他有關特權條約」（註五），當談判時中國曾提出九龍租借地問題，而英國表示未準備討論這個問題，中國表示保留將來再提出這個問題的權利。（註六）這問題的不能在新約中一併解決，是中國政府及人民表示遺憾的，因此當時　蔣主席中正在其所著「中國之命運」中，特表示收回領土的決心，並認為九龍租借地與香港應一併解決，該書中說：

「然而吾人對於此次新約之成立，亦不無遺憾之處，就是九龍租借地本為我國領土，而英國未能將此問題在新約內同時解決，實為中、英兩國間美中不足之缺點。但我國政府於中英新約簽字之日，即向英國政府提出正式照會，聲明我國保留有收回九龍之權。故九龍問題仍可隨時提出交涉。惟國人所當知者，即九龍與香港在地理上確有相依恃的連帶關係，且不能不同時解決。今日英國之所有待者，其故當在於此……。」（註七）

民國三十二年三月初，英國外相艾登（Eden）到美國商討世界善後問題，羅斯福曾向中國外長宋子文表示，擬向艾登提議：由英國自動交還香港，並建議我國自動劃香港九龍一部或全部為自由港區，以保全英僑民一部份權利。經宋外長報請　蔣主席提交國防最高委員會討論決議：英國如交還香港，我國可自動宣佈香港及舊九龍區爲關稅自由港，但不能以此爲交還香港的條件，必須由我國以自動方式出之。當將此項決議電令宋外長轉達後，由於英國對此問題始終缺乏誠意，以致未獲結果。（註八）

民國卅四年八月十日，日本投降，關於香港地區的接受投降問題，依據同盟國受降通令第一號規定，香港屬於中國戰區以內，（註九）應由中國受降，但英國竟逕行指派人員到香港受降。 蔣主席爲顧全同盟國間的友誼，終於命令進入香港之國軍退出。（註一〇）不過 蔣主席在同年八月廿四對國防最高會議及國民黨中央執行委員會的一篇演講中，明白表示收囘九龍租借地的決心，但表示爲了不破壞中英友誼，此事將由二國經外交談判解決，我國不趁受降機會採取單獨行動，以武力收囘。（註一一）

從法律上說，英國堅持覇占九龍是毫無道理的，正如我國學者王繩祖在民國卅二年中英簽訂平等新約後指出：「根據情勢更變的原則，四十餘年前的遠東局勢，今日已完全改變。德俄法（在四十餘年前）强租中國土地，於是英國藉口維持均勢理由，索租威海衞和九龍。目前遠東，既無須英國維持均勢，英國應該於放棄威海衞之後，從速交還九龍租借地於中國」。（註一二）

抗戰勝利後，國民政府的戡亂軍事不幸接連失敗，政府於民國卅八年十二月八日暫時遷設臺北市，關於收囘九龍及香港的問題，只有暫時擱置。

三、中共對於「香港問題」的立場

中共政權於一九四九年十月一日成立，它對中國在一九四九年以前訂立的條約，並未依國際法的一般原則，全部繼承，（註一三）而是選擇性的接受。關於這點，一九四九年九月廿九日中共召開的「中國人民政治協商會議」通過的「共同綱領」有下列規定：「第五十五條，對於國民黨政府與外國政府所訂立的各項條約和協定，中華人民共和國中央人民政府應加以審查，按其內容，分別予以承認，或廢除，或修改，或重訂」。（註一四）上述規定有一點要注意，即第五十五條中雖指出「國民黨政府」訂的條約，並不表示在國民黨政府以前（即一九二八年前）的中國政府所訂的條約，中共都一律承認。由中共的外交實踐看來，這條顯然對一九二八年前所訂的條約也適用。例如，關於中緬邊界問題，在中共政權成立前，共有四個條約，即一八八六年、一八九四年、一八九七年及一九四一年中英簽訂的四個條約，其中只有一九四一年的條約是「國民黨政府」簽訂的。但在一九六〇年一月廿八日中共與緬甸簽訂的「兩國邊界問題的協定」在第三條中，明文指出「新的邊界條約經兩國政府簽訂和生效後，將代替一切舊有的有關兩國邊界的條約和換文」。（註一五）此外，一九六三年三月八日「人民日報」一篇「評美國共產黨聲明」的社論中，更明白指出在一九二八年前中國簽訂的條約，也要同樣處理。該社論中說：「我國政府在中華人民共和國成立時就宣佈，對於歷史上遺留下來的歷屆中國政府同外國政府所訂立的條約，要分別按其內容，或者承認，或者廢除，或者修改，或者重訂」。（着重線是作者加上的。）

關於有關香港的三個中英條約，中共到目前爲止還沒有正式宣告廢除，在英國承認中共後雙方談判建交時，也沒有談到這個問題，不過這些事實並不表示中共承認這些條約繼續有效。

中共有關香港的外交照會或聲明中，似乎儘量避免造成它承認上述三個中英條約的印象。例如，一九六三年一月十七日中共外交部向英國提出抗議，認爲英國無權強拆九龍城寨房屋，照會中指出「九龍城寨是中國領土，管轄權屬中國，歷史上一向如此。」（註一六）但照會中却避免提及一八九八年中英條約中有關九龍城屬於中國的規定。

相反地，中共有關香港的聲明中，却一再强調香港（包括九龍）是基於不平等條約被英國强佔去的。例如，上面提到的一九六三年三月八日的「人民日報」社論卽提出有關香港的三個中英條約是不平等條約。在此必須注意的，是根據蘇聯與中共關於國際法的理論，如果一個條約是「不平等條約」，則被迫訂約的一方，隨時可以將它廢棄。例如，「蘇聯國家科學院國家與法律研究所」編的一册「國際法」教本中，卽寫道：「不平等條約不具有法律效力。」（註一七）這本書在蘇聯與中共未鬧翻前，曾被譯爲中文，供中共大學國際法課程使用。此外，一九五八年中共某篇國際法論文中，也寫道：「不平等條約是破壞國際法的最基本原則——如主權原則，因而它是非法的，無效的，國家有權隨時廢止這樣的條約。」（註一八）

最近中共有關香港的言論中，又進一步，直接主張香港是中國的領土，否認香港是英國的領土。例如，一九六七年八月廿日中共「人民日報」刋載一篇評論員的文章，卽作這種主張。

儘管中共認爲中英三個有關香港的條約是不平等條約，香港是中國的領土，它並沒有立刻想收回香港的打算。中共「國務院副總理」兼「外交部長」陳毅在一九六六年底曾表示，中共必須先解決最重要的臺灣問題，然後在適當時機再收回香港和澳門。（註一九）

四、中共與蘇聯關於香港問題的爭吵

自一九六〇年以來中共蘇聯的爭執逐漸明朗化以後，中共對於香港的態度曾不斷成為蘇聯譏評的對象，現舉幾個例子如下：

一九六二年十月美國因為蘇聯將飛彈運到離美國只有幾十哩的古巴，宣佈對古巴實行軍事「隔離」，壓迫蘇聯撤出飛彈，蘇聯在核戰的威脅下，只有答應美國的要求，中共藉此對蘇聯大肆攻擊，認為是向「帝國主義」投降。蘇聯總理赫魯雪夫在一九六二年十二月十二日「最高蘇維埃」會議上的報告中，曾引用香港問題，對中共的指摘反駁，現將該報告中的有關部份，抄錄一段如下：

「在中國沿海離珠江口不遠的地方…有英國的殖民地香港。還有葡萄牙的殖民地澳門。它位於珠江三角洲，緊靠着廣州這樣一個重要城市的心臟。從這些地方發出來的氣味一點也不比殖民主義在果阿發出的味道好聞。

「但是，難道有人會因為殖民主義的殘餘沒有被觸動而譴責中華人民共和國嗎？慫恿中國去採取某些它認為不合時宜的行動，是不正確的。如果說中華人民共和國政府容忍澳門和香港，那麼，看來這是有着有分量的原因的。因此，指責它，說什麼這是對英國和葡萄牙殖民主義者的讓步，說什麼這是遷就主義，這是荒唐的。

「這會是對馬克思列寧主義的背離嗎？完全不是。這意味着，中華人民共和國政府考慮到實際情況和現實可能性。所以出現這種情況，完全不是因為中國人民對殖民主義的態度不如印度人尖銳，也並不是因為他們對薩拉查比印度對他表現了更寬容的態度。不，我們的中國朋友同每一個革命者一樣仇恨殖民主義。看來，他們是從自己的條件、自己的理解出發而表現出忍耐的。

「這樣，難道我們就應當因此而譴責他們，硬說他們背離馬克思列寧主義嗎？不，這樣做是愚蠢的。

「由於許多情況，有時候不得不生活在不是芬芳的玫瑰花叢中，而是在帶刺薔薇的包圍中，而有時甚至在離殖民主義者的廁所不遠的地方。

「但是，中國朋友認爲這種情況不能容忍並且大聲對殖民主義者說：『滾出去！』的時刻一定會出來。而我們將歡迎這一步驟，那就讓中國朋友自己去決定。我們並不催促他們。相反，我們說：『你們本着你們國家的利益，本着整個社會主義陣營的利益解決這個問題吧。』

「如果我們在圍繞古巴的事件時不表現出應有的克制，而聽取了『極端革命的』空喊家的話，事情會怎樣呢？我們就會進入新的世界戰爭、熱核戰爭的階段。當然，遼闊的我國能支持得住，但是數以千百萬計的人將要死去！而古巴可能由於熱核戰爭的結果乾脆就不復存在了。被捲入衝突的其他人口稠密而沒有廣闊領土的國家會被完全毀滅。而原子輻射的後果也會給那些活下來的人和後代帶來不可估量的災難。」（註二〇）

蘇聯的「眞理報」在一九六四年五月廿七日又刊載該刊記者關於香港的報導說，中共資本在香港與英美資本合作，共同剝削勞動人民；中共利用香港對蘇進行誹謗和破壞活動。（註二一）

一九六四年七月十日毛澤東接見日本社會黨的代表團，談了二小時四十分鐘，毛大談蘇聯侵佔他國的領土問題包括中國一八五八年及一八六〇年割給帝俄的一些東北領土。這個談話後經日本各報登載，中共也沒否認。蘇聯「眞理報」在同年九月二日發表社論，駁斥毛的觀點，否認中共有權對蘇聯提出領土要求，但支持中共「收回」臺灣香港。社論中說：「我們過去聲明過，現在仍然聲明臺灣與香港爲中國的一部份領土，而且大多數居民爲中國人，人民的中國應有一切的權利解放這二個地區並歸併於中國領土。」（註二二）

一九六四年九月各國左派份子在蘇聯操縱下，在莫斯科開所謂「世界青年論壇」。據中共的報導，會中蘇聯青年組織的領導人唆使錫蘭代表將香港澳門列入應依聯合國憲章給以「獨立」的某些殖民地的決議草案中，中共代表對此大爲反對，在討論這項決議時指出：「香港和澳門是英國、葡萄牙帝國主義根據不平等條約强佔的中國領土。中國人民一定要在適當的時候收復它們。決議草案中要求給予這二個地方獨立，這實際上是在要求這兩個地方脫離中國。中國代表對此表示堅決抗議。」（註二三）「世界青年論壇」却不顧中共代表的抗議，通過這個決議，結果整個會議弄得不歡而散。

五、結　論

如上所述，中共在法律上或政治上都主張香港應歸還中國，但却遲遲不採取行動，這種態度主要是由於經濟上的原因。關於這點，蘇聯的「消息報」在一九六四年四月卅日的一篇新聞報導中卽指出：「中國領導人把香港看作是通入資本主義世界的一種孔道，根據西方報紙的證實，他們從這個後門可以得到他們每年全部外滙收入的一半以上。」（註二四）

英國外相休姆(Hume)訪問中共時，雙方曾就香港地位達成默契，「在未來的一個無定期間內，中共可能不再堅持它所稱這一塊四百方英里的土地應復歸中國大陸的此一基本主張。」另外「英國可能保證，香港將決不會供外人作敵對中共之使用。」（註二五）

一九八二年九月起中共與英國開始談判交還香港（包括九龍半島與新界）問題，雖然在理論上香港與九龍半島是割讓地，只有新界地區是英國在一八九九年向中國租借的，但三者實為一體，所以英國同意談判，一併交還中共。（註二六）

一九八四年九月二十六日中共與英國草簽了關於香港問題的聯合聲明，並在十二月十九日正式簽字，一九八五年五月二十七日互換批准書生效（註二七）：約定中共在一九九七年七月一日收回香港、九龍與新界，但同意香港五十年不變。由中共全國人民代表大會判定制定香港基本法保障一切不變，此事也可參閱王世能選編，「關於香港問題參考資料」，（中共）中國新聞社總編輯編，一九八四年五月出版。

註

註一　引自「中外條約彙編」臺北，文海出版社，民國五十三年初版，頁五。

註二　同上，頁十二。

註三　同上，頁廿二。

註四　見王繩祖，「九龍租借地問題」，載「世界政治」，第八卷，第二期（民國卅二年七月卅日，中國國際聯盟同志會發行）。轉引自包遵彭、吳相湘、李定一編纂，「中國近代史論叢」，第二輯第一冊，「不平等條約與平等新約」，臺北：正中書局，民國五十六年臺二版，頁三三〇。

註　五　約文見外交部編，「中外條約輯編」，臺北：臺灣商務印書館，民國五十二年增編再版，頁五八九～六〇三。

註　六　同年一月十三日中國外交部長宋子文對新聞記者談話。見王鐵崖，「新約內容之一般分析」，載「世界政治」新約特號（民國卅二年四月卅日）。轉引包遵彭等編纂，前引註四，頁三三一。

註　七　引自該書，重慶：正中書局，民國卅二年三月普及本二四五版（贛版），頁一二一。

註　八　見張群、黃少谷著，「蔣總統爲自由正義與和平奮鬥述略」，臺北：中央文物供應社，民國五十七年分版，頁二七七。

註　九　命令見 Marjorie M. Whiteman, Digest of International Law, Vol, 3 Washington, D.C. Governmment Printing Office, 1964, pp. 487-488.

註一〇　見張群等著，前引註八，頁二七八。

註一一　講詞全文英譯本見 The Collected Wartime Messages of Generalissimo Chiang Kaishek, 1937-1945, Compiled by Chinese Ministry of Information, Vol. II, pp. 854-860. (New York: The John Day Company, 1946)。中文本在臺北出版的 蔣總統全集中均未刊載。

註一二　引自包遵彭等纂，前引註四，頁三三四～三三五。

註一三　依西方國家所了解的國際法原則，一個國家政府的更換，不管是否由於革命發生，該國的條約義務不受影響。蘇聯共黨於一九一七年革命後，拒絕遵守這個原則，與西方國家引起了不少爭執。

註一四　引自「中華人民共和國對外關係文件集」，第一集（一九四九～一九五〇），頁一，北京，世界知識出版社，一九五七年出版。

註一五　同上，第七集（一九六〇）頁廿七，一九六二年出版。

註一六　同上，第十集（一九六三）頁一四一，一九六五年出版。

註一七　Kozhevnikov (ed.), International Law, A textbook for use in law schools (Academy of Sciences of the U.S.S.R., Institute of State and Law), P. 248 (Moscow, Foriegn Languages Press, 1961)。譯文引自蘇聯科學院法律研究所編，「國際法」，頁二四九，北京，世界知識出版社，一九五九年出版。

註一八　史松，俞大鑫，蘆瑩輝，曹柯，「對『國際公法』教學中舊法觀點的初步檢查」，載「教學與研究」，一九五八年第四期，頁十五。

註一九　新華社消息，日期一時未能查出。

註二〇　譯文引自一九六三年二月廿日「人民日報」。

註二一　引自一九六四年七月十三日「人民日報」所載「赫魯雪夫修正主義集團最近的反華言論」。

註二二　譯文引自「匪俄爭執原始資料彙編」，㈥，頁二六八，臺北，國際關係研究所編印，中華民國五十四年出版。

註二三　引自一九六四年九月廿七日「人民日報」。

註二四　引自一九六四年五月八日「人民日報」所載「蘇共領導最近期間的反華言論。」

註二五　中央日報，國際版，一九七二年十一月八日。

註二六　一九七二年三月十日，中共駐聯合國代表黃華曾去信殖民主義特別委員會，重申香港澳門爲中國領土，在時機成熟時要解決這問題，聯合國無權干預，見 China Makes Claim in UN to Hong Kong, Macao, International Herald Tribune (Paris), March 11-12, 1972, p. 1.

註二七　《中華人民共和國條約集》，第三十一集（一九八四）先在人民日報刊登，後才編入條約等，頁 1-18；英文本見 International Legal Materials, Vol. 23 (1984), pp. 1366-1387。雙方於一九八五年五月二十七日中英互換批准生效。

陸、從國際法觀點論中共與蘇聯的領土糾紛問題

自一九六〇年代初期以來，中共與蘇聯的關係逐漸惡化，雙方在邊境的糾紛，愈演愈烈，終於在一九六九年三月二日在我國東北珍寶島地區，發生了震驚中外的大規模武裝衝突。因此，中共蘇聯的領土與邊界糾紛問題，引起了國內外的廣泛注意，關於這方面的著述甚多（註一），但從國際法觀點來分析雙方立場及研究這個問題的，尚不多見，本文的目的在就有關中共蘇聯領土及邊境糾紛的國際法原則，來分析批判雙方立場及理由，並在有關部份就我國政府對這個問題的立場，略加說明。

一、中共、蘇聯及西方對於國際法上領土取得及變更的看法

依據傳統的西方國際法原則，國家之間可以用暴力或脅迫方式變更領土，奪取領土後通常强國還要壓迫被割國簽訂一個條約，確認領土移轉。如果只奪取它國一部份領土稱爲「割讓」（cession），奪取全部則稱爲「合併」（annexation）、征服（conquest）或「克收」（subjugation）（註二）。割讓與合併通常要經條約明示或默示規定，如一八九五年日本强迫我國簽約割讓臺灣省，一九一〇年日本强迫韓

國簽約與日本合併。這種規則是以國家可以用戰爭或其他武力來推行國策爲前提的，顯然與正義的原則不符。因此，自本世紀初以來，在國際間逐漸以條約限制國家戰爭權及武力的使用（註三），其中最重要的三項條約是：

一、國際聯盟盟約於第十六條規定，如會員國不經盟約規定的程序從事戰爭行爲，則等於對所有會員國有戰爭行爲，國際聯盟將予制裁。

二、一九二八年非戰公約禁止國家以戰爭爲推行國策的工具。

三、一九四五年聯合國憲章於第二條第四款規定：「各會員國在其國際關係上不得使用威脅或武力，或以與聯合國宗旨不符之任何其他方法，侵害任何會員國或國家之領土完整或政治獨立。」憲章中又規定了對各種侵略行爲的制裁方法。

傳統西方國際法上又規定，對於締約國一方施以武力或其他威脅而訂立的條約是有效的，所以一切割讓或合併條約都有效，但自從上述三大條約簽訂後，西方國際法學家大都認爲違反上述條約義務簽訂的條約無效（註四）。一九六九年五月在維也納簽訂的「條約法公約」更進一步明文規定於第五二條：「條約係違反聯合國憲章所含國際法原則以威脅或使用武力而獲締結者無效。」（註五）

由上敍述可知，現行國際法規則與傳統西方國際法規則，關於領土取得及變更方面，並不相同，現行規定否認國家可以違反聯合國憲章規定，奪取它國領土，並否認這種有關奪取領土條約的效力。

蘇聯國際法理論對傳統西方國際法有關領土變更的理論，有嚴厲批評。根據蘇聯國家科學院與法律研究所出版的一册「國際法」只有下列二種情形下，可以變更國家領土：

一、「國家領土疆界的變更如果是以民族自決原則爲依據，那麼國際法和各國實踐都予以合法的承認。一個民族退出某個國家而在原來的地方建立獨立國家，或者相反，一個民族根據全民自由、自願、淸楚、明確的意志表示而加入某個國家，都是符合國際法規範的行爲。」（註六）

二、「根據恢復國家歷史性權利的原則將先前某些國家被强奪去的領土，歸還原來的國家，（也）是一種公正的解決領土問題的辦法。」（註七）

至於因爲脅迫關係而締結的條約之效力問題，該書中則認爲「遵守條約的原則不適用於用暴力方式締結的，掠奪性、奴役性的條約……拒絕這種條約（是合法的）。」又說：「基於雙方平等而簽訂的條約是平等的條約；違反這一起碼要求的是個不平等條約。不平等條約不具有法律效力；平等條約則應嚴格遵守。」（註八）

中共方面關於領土變更的看法，散見於一些文章，並無大本國際法教本出版，在一九六〇年北京出版的「國際問題研究」上，刋有一篇長文，批評傳統西方國際法關於領土變更的方式，關於割讓，該文說：

「割讓領土是帝國主義國家用戰爭和武力威脅掠奪弱小國家和戰敗國領土的一種方式，其特點在於『轉移』領土主權時用不平等條約的形式固定下來。資產階級學者有時也不否認弱小國家割讓領土不是自願的，而是由於帝國主義國家强迫的結果，但他們却無恥的說，割讓領土，不問割讓的動機如何，只要通過割讓條約就是合法的……那等於說，一個强盜用匕首逼着物主將其財物搶去，並威脅着物主的生命要其劃押、打手印不得表示異議，這個强盜的强刧行爲，便是合法的。這是多麼荒謬，難怪有人把資產階級國際法描寫爲强盜法是一點也不過分的。」（註九）

關於領土變更的方式，一九五八年北京出版的「教學與研究」有一篇文章提到這個問題，該文說：

「領土是可以發生變更的情況的，根據現代國際法實踐，這種變動的情況有：㈠、依據國際法上的民族自決原則，殖民地人民有政治自決的權利，包括決定自己所居住領土的命運……㈡、為了糾正歷史上形成的非正義情況，必須恢復國家對自己領土的主權，這也是為現代國際法實踐所確認的。㈢、在國際法公認原則的基礎上，相鄰國家對一定邊界地區進行交換也是可能的……」（註一〇）

至於不平等條約的問題，該文中說：「不平等條約是破壞國際法的最基本原則——如主權原則，因而它是非法的，無效的，國家隨時有權廢止這樣的條約。」（註一一）有關領土割讓的條約當然是不平等條約，所以根據這個看法當然是無效的。

× × × ×

由上說明可知，現在西方、蘇聯及中共對領土變更的國際法原則，基本上並無不同，三方均否認可用武力奪取領土，並否認強迫割讓領土的不平等條約的效力。但是，在適用上，却發生困難，尤其是蘇聯及中共均主張為恢復歷史上的權利或糾正歷史上非正義狀況，可以要求變更領土。

二、中共、蘇聯關於中國過去所失領土的爭辯

中國被俄國及現改稱蘇聯奪去的領土有下列幾塊，有些有條約根據，有些沒有：

一、一八五八年五月廿八日簽訂的璦琿城和約，將黑龍江以北土地割給俄國。但江東六十四屯地區仍

歸中國，條約中規定：「黑龍江左岸，由精奇里河以南至豁爾莫勒津屯，原住之滿洲人等，照舊准其各在所住屯中永遠居住，仍歸滿洲國大臣官員管理，俄羅斯人等和好，不得侵犯。」（註一二）

二、一八六〇年十一月十四日北京續增條約，將烏蘇里江以東地區割給俄國（註一三）。

三、一八八一年二月二十四日伊犁條約及以後幾個勘界議定書將新疆西部七萬多平方公里土地割給俄國（註一四）。

四、一九〇〇年義和團之亂時，俄國突然派兵將我國江東六十四屯滿族同胞全部殺掉，將該地佔去（註一五）。

五、一九二一年蘇聯軍隊突然將我外蒙唐奴烏梁海地區佔去，成立所謂「土文共和國」，一九四一年十月十三日蘇聯正式將其合併爲俄羅斯共和國（蘇聯最大一加盟共和國）的一個自治州（註一六）。

六、一九二三年蘇聯派兵在外蒙古召開僞「人民代表大會」，成立所謂「蒙古人民共和國」。一九四五年八月十四日國民政府被迫承認外蒙獨立（註一七）。

中共對於以上江東六十四屯，唐奴烏梁海及外蒙失地的態度，大體上如下：

一、江東六十四屯地區中共未作主張，但在大陸出版的各種地圖均已將該地劃歸蘇聯，所以可認爲中共默認該地爲蘇聯所有。在國民政府統治時期及現在我國政府控制的臺閩地區出版的官方地圖，仍未承認蘇聯對該地主權。

二、唐奴烏梁海部份，中共也未作主張，其所出版的地圖已將該地劃歸蘇聯，所以也可認爲中共默認該地爲蘇聯的一部。國民政府迄未承認蘇聯佔領該地的合法化（註一八）

三、外蒙部份，在中共奪得政權以前，支持蘇聯侵佔外蒙，承認外蒙獨立，在中共一九三三年五月廿日出版的「鬥爭」刊物上，載有一篇「擁護蘇聯及反對帝國主義國民黨新的挑釁的宣傳大綱」，其中對外蒙有下列敍述：「國民黨及其反動的新聞記者們，異口同聲的要蘇聯歸還外蒙古給國民黨，使民衆相信蘇聯好像佔領外蒙古，欺騙民衆，好像蒙古共和國，不是蒙古民族根據民族自決權所創造的一樣。他們以這種方法，誣蔑蘇聯侵略外蒙……但是，國民黨及其豢養的記者們，必須知道中國民衆擁護外蒙古的民族獨立與自決，慶賀外蒙古民衆脫離帝國主義國民黨及蒙古統治階級之血腥統治而建立民衆共和國……。」（註一九）

中共政權成立後於一九五〇年二月十四日與蘇聯成立換文協定承認外蒙獨立，其中規定：「雙方承認蒙古人民共和國的獨立地位已因一九四五年外蒙古舉行了公民投票證實其對於獨立的願望，並因中華人民共和國業已與其建立外交關係得到了充分保證。」（註二〇）

其後，據蘇聯的消息，毛澤東曾在一九五四年向赫魯曉夫（Khrushchev）提出外蒙問題（註二一）。此外，中共在一九五七年以後陸續出版的「中華人民共和國條約集」未刋登上述承認外蒙的換文，似乎顯示它對外蒙問題不大滿意，可是蘇聯却將此文件送去聯合國秘書處登記，刋載在「聯合國條約彙編」中（註二二）。

其他幾塊失地中共的態度是早期不提此事，到中（共）蘇糾紛愈演愈烈後才開始提出。先是在一九六二年古巴危機時，中共攻擊蘇聯對美讓步，美共在蘇共主使下於一九六三年一月九日，發表一個聲明譏諷中共爲何不去收回香港、澳門及臺灣。同年三月八日中共「人民日報」發表一篇「評美國共產黨聲明」的社論，其中指出一八五八年璦琿條約，一八六〇年北京條約及一八八一年伊犂條約是沙皇俄國侵佔中國領土的不平等條約，並說「我國政府在…成立時就宣佈，對於歷史遺留下來的歷屆中國政府同外國政府所訂立的條約，要分別按其內容，或者承認，或者廢除，或者修改，或者重訂」。（註二三）言下之意，上述三個條約也在修改或重訂的範圍內，這當然引起蘇聯緊張，因此在一九六三年十一月二十九日蘇共致中共的信中，特別提到這點，該信說：

「近來中國出現了一些關於沙皇政府的侵略政策和强加給中國的不平等條約的理論。當然，我們不去爲那些專橫地劃定同鄰國的邊界的俄國沙皇辯護。我們也相信，你們也不打算爲那些以武力侵佔了不少別國領土的中國皇帝辯護。但是，我們在譴責俄國和中國當時執政的剝削階級上層的反動行爲時，不能不考慮到國與國之間現在存在着歷史上形成的邊界。任何忽視這一點的企圖，都會成爲誤會和衝突的根源，而且不會導致問題的解決。現在，工人階級掌握着政權，而我們的共同目標是共產主義，它將使國界逐漸失去從前的意義，在這個時候人爲地製造領土問題，簡直是不明智的。我們有一切可能完全消除邊界上的任何磨擦，給各國人民做出兩個社會主義國家的眞正友好關係的範例。」（註二四）

中共一九六四年二月二十九日回覆蘇聯的信中，表示「儘管歷史上簽訂的有關中俄邊界的條約是不平等條約，但是，中國政府仍然願意尊重這些條約，並以此爲基礎合理解決中蘇邊界問題。」（註二五）以上幾個文件顯然表示中共並未要求收回這些失地，這一點如果再看中共一九六九年十月八日的聲明就更明顯，聲明中說「中國並不要求收回沙皇俄國根據這些條約割去的這些中國領土。」（註二六）但在一九六四年七月十日毛澤東接見日本社會黨代表團時，據說曾作下列談話：「蘇聯佔了太多地方。依據雅爾達（Yalta）協定，蘇聯在保障外蒙獨立的藉口下，實際上將外蒙置於其控制下……一九五四年赫魯曉夫與布加寧（Bulganin）來中國時，我們曾提起這個問題，但他們拒絕與我們商談……約一百年前貝加爾湖（Bakal）以東變成俄國領土，從此海參威……及其他地區成爲蘇聯領土，我們還沒有算這筆賬了。」（註二七）另外據說在同月十七日日本社會黨議員某人訪問周恩來時，周曾說在一九五七年一月他曾要求赫魯曉夫對中國、日本、東歐（包括芬蘭），作適當領土調整（註二八）。中共官方對這些報導，似乎既未承認也未否認。

中共雖未正式要求收回失地，但却堅持這些割地條約是不平等條約，蘇聯則否認，現將雙方主要理由大致略述於下：

一、中共引證恩格斯、馬克斯的著作及列寧、史大林的言論來證明中國割地給俄國的條約，是不平等條約。例如，中共一九六九年五月二十四日聲明中，引證了恩格斯在一八五八年指責俄國「從中國奪取了一塊大小等於法德兩國面積的領土和一條同多瑙河一樣長的河流。」（註二九）這是蘇聯最感頭痛的，蘇聯歷屆聲明中均不敢正面具體駁斥中共這點指責（註三〇）。關於這方面，有一點必須注意，即現在蘇聯國際法的理論主張，領土移轉必須根據民族自決的原則（註三一），而帝俄占領我國現在東北以外的土地後，已將原住該地的我國滿漢居民屠殺或驅逐，蘇聯成立後，又大量移民該地，所以如果適用蘇聯現所持的國際法理論，我國顯然無法收回該地。

二、蘇聯引證　國父孫中山及毛澤東的話說蘇聯是第一個廢除對華不平等條約國家（註三二），並稱當初他們二人均未指上述割地條約是不平等條約。這點是中共感頭痛，所以中共聲明中對這點均避而不談。關於這點，有一點必須注意，即　國父並未說過蘇聯已廢除「所有」對華不平等條約，所以中國民主、自由與均富的基礎上統一後，我國政府對蘇交涉時，這一方面並非完全沒有辯論餘地。

三、中共方面在條約方面引證一九二〇年九月二十七日蘇聯的宣言，其中宣佈：「以前俄國歷屆政府同中國訂立的一切條約全部無效，放棄以前奪取中國的一切領土和中國境內的一切俄國租界，並將沙皇政府和俄國資產階級殘暴地從中國奪取的一切，都無償地永久歸還中國。」同時一九二四年五月卅一日簽訂的「中蘇解決懸案大綱協定」第七條明文規定：「締約雙方政府同意在……會議上重劃其國界，在重劃前，仍維持現有國界。」（註三三）但蘇聯否認當時蘇聯宣言中所指的條約包括割地條約，惟對一九二四年協定中重劃國界規定，避而不談。（註三四）

四、蘇聯方面再三引述簽訂條約的經過，認爲是平等條約，這點中共在一九六九年十月八日的聲明中，予以駁斥：「蘇聯政府說，這些條約都是雙方簽字的，並且連篇累牘地摘引條約裏一些假仁假義的空話，力圖證明這些條約是平等的：…試問世界上難道有未經雙方簽字的條約嗎？如果雙方簽了字的條約就是平等條約，世界上那裏有什麼不平等條約呢？」（註三五）

五、蘇聯歷屆聲明中又常提中國疆界一直在長城等歷史事實，這點中共一九六九年十月八日的聲明中駁斥說：「在討論中蘇邊界問題的時候，蘇聯政府扯出了兩千多年以前修築的長城來：…我們倒要問，那個時候俄羅斯的邊界又在什麼地方？」（註三六）

由上述雙方爭辯的理由來看，顯然蘇聯所稱中國割地條約不是不平等條約一點，是毫無理由的。根據這些條約，俄國無償取得黑龍江以北以及烏蘇里江以東大片土地，而這些土地根據一六八九年尼布楚條約規定是中國的，這種條約怎能說不是不平等條約呢？（註三七）但值得注意的是蘇聯的法學家有一種主張，卽認爲在一六八九年中俄尼布楚條約前，我國黑龍江以北地區是俄國的，所以尼布楚條約是俄方的不平等條約，而一八五八年及一八六〇年中國的割地條約是糾正這種「不正義」的情況，所以對華而言，這兩個條約不是不平等條約。（註三八）這種無理主張，不値一駁，所以在本文中未多討論。

事實上中共已早聲明不要收回失地，這三個條約「平等」與否，在這一方面已無影響（如不作此聲明，依據中共及蘇聯的國際法理論，一國可以根據恢復歷史上權利之理由，收回失地），爲何雙方還要爭執不休呢？主要理由據作者推測是蘇聯想多佔中國領土，因爲蘇聯想將黑龍江及烏蘇里江全部佔去，如果承認這兩個條約是不平等條約，在解釋上不得不對中共讓步而無理由佔這二大江，否則可以用歪曲解釋覇佔二江。

三、中共、蘇聯關於我國東北邊界的爭辯

中共雖然堅持一八五八年及一八六〇年的我國割地條約是不平等條約，但仍承認其效力，它與蘇聯的爭執只是中共認爲蘇聯違反這二個條約，侵佔中蘇邊境中國方面的土地，這一點要首先弄清楚。同時中共對已被蘇聯侵佔的土地，還願意作某些讓步。這二點在一九六九年十月八日的中共聲明中，說得很淸楚：「任何一方違反這些條約侵佔另一方的領土，原則上必須無條件歸還給對方，但是，雙方可以根據平等協

商、互諒互讓的原則，考慮當地居民的利益，對邊界上的這些地方作必要的調整。」（註三九）

至於中蘇在東北的邊界照一八五八年及一八六〇年二個條約應如何劃法呢？中共認爲這二個條約規定雙方以江爲界，所以應依國際法原則，在通航地區以主航線之中心線爲界（註四〇）。這個原則不論是西方國際法學家或蘇聯國際法學家皆承認（註四一），可以說是毫無疑問的事。

但是，蘇聯卻說依照帝俄與滿清劃定的地圖，中蘇邊界至少在某些地段以中國岸邊爲界，蘇聯一九六九年三月廿九日的聲明中說：「一八六一年，雙方在地圖上簽字並蓋上了兩個國印，在地圖上標明了烏蘇里邊疆地區的分界線。在達曼斯基島（即珍寶島）地區，這條線是直接沿烏蘇里江的中國江岸通過。」（註四二）同年六月十三日的蘇聯聲明中又說：

「根據一八六〇年北京條約的規定，烏蘇里江被確定爲俄國與中國之間的邊界，而且根據作爲條約附件的一八六一年協定書，江上『邊界線』在地圖上是用一條紅線標出的。在達曼斯基島地區，邊界線是直接沿中國江岸走的，因而，這個島位於『邊界線』的蘇聯一側，它屬於蘇聯，而不屬於中國。

衆所周知，在國際法中沒有一個自行按主航線中心線確定界河的邊界的准則……在國際關係中有這樣的例子，卽邊界是沿河岸劃定，而不是沿航道劃定。一八五八年哥斯達黎加和尼加拉瓜之間簽訂的條約規定：『邊界線是沿着聖胡安河的右岸通過的，尼加拉瓜共合國對這條河的水域擁有完全的佔有權和司法主權』。在其他國家之間簽訂的協定中，也有類似的確定河流邊界的做法。

一八六〇年俄中北京條約是這些例子中的又一個例子。一九五一年簽定的蘇中國境河流航行協定也反映了這樣一點，卽承認邊界線不一定同航道相一致。這個協定的第一條說，雙方船隻在國境河流上沿着主

航道航行，『不管國境線在那裏通過』」。（註四三）

蘇聯的聲明中有一點不大清楚，卽到底它是指在某些地區國界是在中國岸邊，還是全部黑龍江及烏蘇里江區國界都在中國岸邊。它在擧出哥尼二國的條約後，緊接着提及一八六〇年北京條約是這樣一個例子，似乎認爲全部黑烏二江地區是沿中國岸邊交界（至少可作這樣解釋）。中共對上述蘇聯聲明，曾分別駁斥如下：

一、在一九六九年五月廿四日中共聲明中說：「一九〇八年五月八日，沙皇俄國阿穆爾州邊界官庫茲明在給中國官員的信中明確指出：『如果二國以河流分界，則以循河流中心之線做爲邊界線。在通航河流上，該線卽爲航道。』同年九月六日，庫茲明給中國官員的信中又指出：『河流中的島嶼係以航道劃分。』」（註四四）同年六月十三日蘇聯聲明中，並未反駁這點。

二、在一九六九年十月八日中共聲明中說：「『中俄北京條約』附圖及圖上的紅線……的比例尺小於一百萬分之一。附圖上的紅線只是標示以江爲界，既不表明也不可能表明邊界線在江中的確切位置。以江爲界，就是以主航道中心線爲界。這不僅爲沙俄帝國主義所承認，而且也曾經爲蘇聯政府所承認。一九六〇年八月蘇聯最高蘇埃維批准的『蘇聯國界保衞條例』第五條就明文規定：『蘇聯國界在可通航的國境河流上，按主航道中心線或水最深處劃分。』一九二六年出版的『蘇聯大百科全書』在『黑龍江』一節中也明確寫道，哈巴羅夫斯克以上的黑龍江爲國境河流，而且同中國的邊界是沿航道中心劃分……

蘇聯政府爲了否認可通航界河按主航道中心線劃界的國際法準則，擧出一八五八年哥斯達黎加和尼加拉瓜之間簽訂的條約爲例……並且大言不慚地說，『中俄北京條約』是同樣的例子。當然，任何公認的國際法準則都有例外，關於通航界河按主航道中心線劃界也是這樣。但是，任何例外都必須在條約中作明確規定：…現在我們要問蘇聯政府：『中俄北京條約』在什麼地方規定，中俄邊界線是沿着黑龍江和烏蘇里江的中國江岸通過的？…」（註四五）

以上是雙方理由，現從國際法觀點，分析雙方理由。首先，如果蘇聯主張黑龍江及烏蘇里江是沿中國岸邊爲界，則上述中共一九六九年十月八日聲明中已說得很清楚，蘇聯這種主張是沒有道理的。此外，一八五八年愛琿條約中還明訂：「黑龍江、松花江、烏蘇里江，此後只准中國、俄國行船：…」（註四六）。一八六〇年的北京條約並未取消這條，既准中國「行船」，則黑烏二江怎能說是專屬蘇聯所有呢？

其次，根據國際法上解釋條約的規則，如果一個條款可作二種解釋，而該條款有利於一方者，則對該方應採取二種解釋中較不利該方的解釋（註四七）。中俄一八五八年及一八六〇年的割地條約，俄國不費分文取得大片土地，顯然是對俄片面有利，所以解釋約中邊界規定之時，如有航道中心線及中國沿岸爲界二種解釋，當然應採納航道中心線的解釋。

最後再就蘇聯與中共簽訂的二個邊境河流通航條約的內容來看，黑烏二江顯然不可能全屬蘇聯，中蘇在這地區交界也不可能是在中國岸邊。依據一九五一年一月二日中蘇「關於黑龍江、烏蘇里江、額爾古納河、松阿察河及興凱湖之國境河流航行及建設協定」第十七條第二項規定：「締約國一方公民在國境河流本國領水範圍內之捕魚船舶，非越過劃定的國境線，另一方不得加以干涉或阻礙。」（註四八）該條中提到在國境河流雙方均有「本國領水」，可見河流不是全屬一方。如果國境線在中國岸邊，則中國在國境河流上有什麼領水可言，上述條約就不必作此規定了。

一九五七年十二月廿一日簽訂的中共與蘇聯「關於國境及相通河流和湖泊的商船通商協定」第四條規定：「締約一方的船舶在締約另一方的水域時，應遵守締約另一方水域現行的法律和命令……」（註四九）。如果黑烏二江全屬蘇聯所有，中蘇邊界在中國岸邊，則中國方面在黑烏二江有什麼水域可言，條約也不必作上述規定了。

所以，作者的結論是，中蘇邊界絕不可能全部在黑烏兩江的中國岸邊。那麼，中蘇邊界可不可能在某些地段在中國岸邊呢？這個問題如果引用上述解釋條約的規則來衡量（註五〇），那顯然也不可能得出肯定的答案。

其次，如果照蘇聯的主張在某些地段國界是在中國岸邊，那就變成一種很奇怪的現象，就是在中蘇國境河流某一部份全屬一國所有，另一部份又由二國分有，世界上那有這樣奇怪的國界？這種解釋是顯然不通的，並悖乎常理，而且與瑷琿條約規定中國可在烏黑二江「行船」之權利不符。如果黑烏二江某些地段是全屬蘇聯的，則中國船通過當然要得蘇聯允許，蘇聯迄今找不到這種例子。

由此可知蘇聯的主張是毫無道理的，中蘇在黑烏兩江的交界當然是應按照國際法原則，以通航道中心線爲界。

四、帕米爾邊界部份的爭辯

據中共一九六九年五月廿四日的聲明，「在帕米爾地區，沙皇俄國違反一八八四年『中俄續勘什噶爾界約』的規定，侵佔了兩萬多平方公里的中國領土。」（註五一）但蘇聯同年六月十三日的聲明中却說，一八八四年界約「同中國方面所說帕米爾地區根本沒有關係。」並說：「帕米爾的劃界是一八九四年以換文的方式完成的，當時雙方議定，在帕米爾沿着薩雷闊勒嶺『不超越各自的位置』。正是這條線，而不是任何別的線一直存在到今天。」（註五二）

中共一九六九年十月八日聲明中，對蘇聯主張，有詳盡駁斥如下：

「一八八四年『中俄續勘喀什噶爾界約』明確規定：在帕米爾地區，自烏孜別里山口起，『俄國界線轉往西南，中國界線一直往南，』這是關於中俄兩國在帕米爾地區邊界的唯一條約規定。但是蘇聯政府却說，這個界約同帕米爾地區的歸屬『根本沒有關係』，一八九四年的換文才是『劃界』的文件。

這是怎麼一回事呢？原來，一八九二年，沙俄帝國主義違背一八八四年界約規定，又出兵帕米爾地區，進一步强佔薩雷闊勒嶺以西兩萬多平方公里的中國領土。當時雙方軍隊沿嶺對峙。一八九四年四月，中俄雙方換文，中國政府被迫同意沙皇政府的建議：暫時保持雙方軍隊各自的位置，直到帕米爾問題最終解決為止。但是，中國政府當時就作了明確的保留，聲明：『在採取上述措施時，並不意味着放棄中國對於目前由中國軍隊所佔領以外的帕米爾領土的權利。它認為應保持此項以一八八四年界約為根據的權利，直到達成一個滿意的諒解為止。』」（註五三）

上述這個文件很清楚地說明了歷史事實，不必多研究就可知道帕米爾地區中蘇邊界是未定界。在國民政府統治時代及現在我國政府控制的臺閩地區出版的地圖，也註明帕米爾地區是未定界，並且也不照一八九四年停戰線劃未定界，而是將整個帕米爾地區劃入中國，只註明未定界而已。（註五四）

五、我國政府對中國蘇聯的領土問題之態度

關於我國政府對於以前帝俄及現在蘇聯奪取我國的領土的態度，在本文中有關部份，已略加說明，但並不完全，所以現在再作稍爲詳盡的敍述。

對於我國依據條約割給帝俄的領土，如現在我國東北及新疆邊界外的土地，我國政府並未表示要收回，這種立場是基於國際政治之現實情況考慮，因爲除非中蘇二國的政治力量對比，發生重大變化，收回並無可能，在這種變化發生前，貿然提出收回要求，反而會加强蘇聯侵略我國的野心，影響我國國家的安全。

對於沒有條約根據（或條約根據已不存在）被帝俄或蘇聯覇占去的土地，如唐奴烏梁海、江東六十四屯及外蒙等地，我國政府不承認蘇聯佔有這些土地的合法性（註五五）。將來中國統一後，政府應據理向蘇聯交涉歸還這些土地。

關於中蘇之間的未定界，如帕米爾高原或東北邊界某些部份（註五六），依據一九二四年五月卅一日簽訂的「中俄解決懸案大綱協定」第七條規定：「兩締約國政府，允在本協定第二條所定會議中，將彼此疆界重行劃定；在疆界未行劃定以前，允仍維持現在疆界。」（註五七）另外，同約第八條又規定：「兩締約國政府允將兩國邊界江湖及他種流域上之航行問題，按照平等相互之原則，在前條所定之會議中規定之。」（註五八）

按上述協定第二條規定，兩國間一切懸案，應於協定簽字後「一個月內，舉行會議……商訂一切懸案

之詳細辦法，予以施行。此項詳細辦法應從速完竣，但無論如何，至遲不得過目前會議開始之日起六個月。」（註五九）但協定簽字後，蘇聯一再拖延，隔了十五個月，到一九二五年八月廿六日，始舉行中蘇會議開幕式，次日蘇代表就藉故回國，中蘇會議，就此延擱。（註六〇）我國在故總統蔣中正任內，對於蘇聯這種違約背信的舉動，並未承認，在蔣氏於一九四三年所著的「中國之命運」中說：「蘇聯政府於民國十三年『中俄解決懸案大綱』之中，撤銷其在中國的各種特權。然而中國在此時期，國民革命的根據地尚在廣東一隅，故中蘇之間平等的條約，尚未完全實施。比及國民政府遷都於南京，外患內憂，復相因迭乘，故中蘇二國邊疆的問題迄未能圓滿的解決。」（註六一）

由上可知，我國政府對現行中蘇邊界，並未認爲是確定的界線，將來中國統一以後，仍待政府與蘇聯再行談判協商解決。至於目前中共與蘇聯關於邊界的談判，卽使獲得結果，我國政府也不承認，並不受其拘束，這一點民國五八年九月廿六日我國當時副總統兼行政院長嚴家淦先生在立法院作施政報告時，曾鄭重表示：「中俄邊界問題，關於條約和國際法，祇有有關國家的合法政府纔能有權解決，我中華民國政府是中國唯一合法政府…有關帝俄時代根據不平等條約所侵占我國的領土，自當待我政府收復大陸後，經由政治途徑尋求合理的解決。毛共僞政權對外所作的任何承諾與簽訂的條約，都屬非法和無效。」（註六二）

六、結論

從國際法觀點來分析，蘇聯在中共蘇聯領土與邊界糾紛所持的立場，都沒有太多道理。在雙方交涉的過程中來看，蘇聯是步步進逼，一切稍爲有利於它的理由，它一點都不放棄，至於那些理由合不合正義及常理，它完全不管，除此之外還要無中生有作些毫無道理的主張。事實上，所謂「蘇聯」，實際上只是沙皇俄國的化身，其侵略它國的作風與沙皇俄國沒有不同，凡是以前沙皇的權利，它都要恢復。其中最可笑的是中東路問題，先說放棄，後來又改成中蘇共管，並曾一度出兵强佔，在滿州國時代將其賣給僞滿，戰後又變成中蘇共管。在雅爾達會議時，蘇聯公然要求恢復帝俄在我國東北的權利。一九四五年國民政府與蘇聯商談旅大問題時，蘇聯居然拿出帝俄時代强加給中國的地圖，要求「恢復」權利。中共在奪得政權後最初十年，對蘇聯這些舉動，不但不敢批評，還要替它辯護；取得政權後又多方討好「老大哥」，承認外蒙、唐奴烏梁海，江東六十四屯脫離中國。

註

註一　從政治觀點分析這個問題，國內較詳細的論著有，關中，「匪蘇邊界問題之論戰」，載「東亞季刊」，第一卷，第三期（民國五九年一月），頁八八～一〇〇。

註二　關於西方理論，可參閱 L. Oppenheim, International Law, Vol. I, 8th ed. by H. Lauterpacht, London: Longmans, Green, 1955, pp. 546-554, (§217-219a) 566-575. §236-241a 征服、合併或克收有時也適用於奪取它國一部份領土的情況，通常不經條約。中文譯文見「奧本海國際法」英國勞特派特修訂，王鐵崖，陳體強譯，上卷，第二分冊，頁69-74〔213目至219目〕，北京：商務印書館1981年出版。

註三　參閱 Oppenheim, supra, note 2, Vol. II, 7th ed., 1952, pp. 177-197。

註四　見 Oppenheim, supra, note 2, Vol. I, pp. 891-892.

註五　U.N.Doc. A/CONF. 39/27, May 23, 1969; reprinted in American Journal of International Law, Vol. 63 (1969)pp. 875 903。第五二條在 p.891. 中文譯文引自丘宏達編輯陳純一助編，「現代國際法」參考文件，臺北：三民書局印行，民國八十五年出版，頁七六。

註六　F.I.Kozhevnikov(ed), International Law(Academy of Sciences of the U.S.S.R., Institute of State and Law, A Textbook for Use in Law School), Moscow: Foreign Languages Publishing House, p. 185。譯文引自蘇聯科學院法律研究所編，「國際法」，北京：世界知識出版社，一九五九年出版，頁一八六。

註七　Kozhevnilov, supra, note 6, p.188.；譯文引自「國際法」，前引註六，頁一九〇。

註八　Kozhevnilov, supra, note 6, p. 248.；譯文引自「國際法」，前引註六，頁二九九。

註九　欣梧，「對資產階級國際法關於國家領土問題的批判」，載「國際問題研究」，一九六〇年第七期，頁四六。

註一〇　史松、俞大鑫、盧瑩輝、曹柯，「對『國際公法』教學中舊法觀點的初步檢查」，載「教學與研究」，一九五八年第四期，頁十六。

註一一　同上，頁十五。

註一二　引自 China, Imperial Maritime Customs, Treaties, Conventions Etc. Between China and Foreign States, Vol. I, Shanghai: Statistical Department of the Inspectorate General of Customs, p. 27.；原文並無標點。

註一三　見傅啓學，「中國外交史」，臺北：三民書局，民國四六年出版，五五年三版，頁八三。

註一四　見同上，頁八九。以後訂的幾個勘界條約全文，如一八八二年十月廿九日伊黎界約，一八八二年十一月廿五日喀什噶爾界約等，見于能模，黃月波，「中外條約彙編」，上海：商務印書館，民國廿四年出版，民國五三年臺北文海出版社翻印（翻印本未註編者及原作者），頁三三九～三四七。

註一五　見傅啓學，前引註十三，頁一五六。

註一六　見蔣中正，「蘇俄在中國」，臺北：中央文物供應社，民國四六年九月八版（訂正本），五七年五月廿四版，頁七四～七五。

註一七　同上，頁五一～五二，七四～七五及一一一～一一二。一九四五年八月十四日，中華民國政府與蘇聯簽訂中蘇友好同盟條約時，同時換文，承認外蒙經公民投票後，可以獨立。換文全文見，外交部編，「中外條約輯編」，臺北：臺灣商務印書館，民國五二年增編再版，頁五一〇～五一一。一九五三年二月廿五日，我國外交部長葉公超發表聲明，「正式宣告民國三十四年八月十四日之中華民國蘇維埃社會主義共和國聯邦友好同盟條約及其他有關文件爲無效。」（着重點是作者加的）聲明全文見，「中外條約輯編」，頁五二三～五二四。我國政府一度立場是認爲，外蒙仍爲中國領土的一部。例如，見民國五七年三月一日我國外交部發言人聲明，英文譯文載 Free China Weekly, Vol. VIII, No. 2 (March 3, 1968) p. 1. 編入 Hungdah Chiu, "Chinese Contemporary Practice and Judicial Decisions Relating to International Law (April 1967 to March 1968)," in the Annals of the Chinese Society of International Law, No. 5 (August 1968). p. 79. 但此意見不合理，見丘宏達，「現代國際法」，臺北：三民書局民國八十四年出版，頁五一七—五二三。二〇〇二年十月三日美國世界日報刊登內政部長余政憲已決定我國領土已不再包括外蒙，我國政府並在外蒙設立代表機構並准外蒙人民來臺工作。

註一八 一九四八年三月蘇聯正式將唐奴烏梁海改為自治州併入其俄羅斯共和國，我國政府曾於同年五月七日對蘇聯提出抗議，蘇聯未曾答覆。見 China Handbook 1951, Taipei: China Publishing Co., 1951, p. 386.

註一九 引自中華民國開國五十年文獻附錄，「共匪禍國史料彙編」，第二冊，頁一八二。

註二〇 United Nations Treaty Series, Vol. 226, p. 10.

註二一 見蘇聯眞理報（Pravda）社論，一九六四年九月二日。英文譯文見 Dennis J. Doolin, Territorial Claims in the Sino-Soviet Conflict: Documents & Analysis, Stanford, Calif: The Hoover Institution, 1965, p. 47-57.

註二二 同前註二十。在一九五七年北京世界知識出版社出版的「中華人民共和國對外關係文件集」第一集（一九四九～一九五〇）中，也未刊登這個文件，但同書刊登的「中蘇二國關於中華人民共和國與蘇聯之間締結條約和協定的公告」中（一九五〇年二月十四日）却提到這個換文說：「雙方政府確認蒙古人民共和國之獨立地位，已因其一九四五年的公民投票及中華人民共和國業已與其建立外交關係而獲得了充分保證。」見該書頁七十五。

註二三　一九四九年九月廿九日中共政權成立前的所謂「中國人民政治協商會議」，曾通過「共同綱領」，這個文件在一九五四年中共頒佈「憲法」以前，具有臨時性「憲法」性質，該「綱領」第五五條規定，中共政府對於「國民黨政府」訂立的「條約」或「協定」，得按其內容，分別決定「承認、廢除、修改或重訂」。見「中華人民共和國對外關係文件集」，第一集（一九四九～一九五〇），北京：世界知識出版社，一九五七年出版，頁一。按中共所謂「國民黨政府」，係指一九二七年成立的國民政府，所以這條嚴格文義解釋，似乎只包括一九二七年以後的條約；因此，有人認為一九六三年三月八日「人民日報」的社論，是對這條加以修改。但在法理上，「訂立」（Conclude）一詞，似乎也可以擴充解釋為包括一切過去訂立的條約，而這些條約是國民政府承認或默認其繼續有效的。關於中共對政權成立前訂立的條約之態度，可參閱 Hungdah Chiu, "Certain Legal Aspects of Communist China's Treaty Practice," in Proceedings of the American Society of International Law, Sixty-First Annual Meeting, April 27-29, 1967, pp. 122-124; Hungdah Chiu, "Suspension and Termination of Treaties in Communist China's Theory and Practice," in Osteraropa-Recht (West Germany), 1969, No. 3, pp. 173-179.

註二四：引自「匪俄爭執原始資料彙編」，第五冊，臺北：國際關係研究所編印，頁二三三。

註二五　見同上，頁二一五。
註二六　見一九六九年十月九日「人民日報」。
註二七　刋於日本 Sekai Shuho，一九六四年八月十一日。引自 Doolin, supra, note 13, pp. 43-44.
註二八　刋於日本 Asahi Shimbun，一九六四年八月一日。引自 Doolin, supra, note 13, p.45.
註二九　見一九六九年五月廿五日「人民日報」。
註三〇　蘇聯一九六九年六月十三日聲明中，僅稱：「中國政府爲了使關於中俄邊界條約『不平等』的說法有一種近乎情理的表象，竟然故意歪曲馬克思列寧主義經典作家著作的引語。」但它並未指出中共引證究竟有何錯誤。蘇聯聲明譯文見一九六九年十月九日「人民日報」。
註三一　見 Kozhevnikov, supra, note 6, p. 185。
註三二　見一九六九年三月廿九日蘇聯聲明，譯文載一九六九年五月廿五日「人民日報」。
註三三　中共一九六九年五月廿四日聲明，載同年五月廿五日「人民日報」。
註三四　蘇聯一九六九年六月十三日聲明，譯文載同年十月九日「人民日報」。
註三五　一九六九年十月九日「人民日報」。
註三六　同上。蘇聯六月十三日的聲明中還提到沙皇侵佔中國的土地本來不是中國的，清朝皇帝也和沙皇一樣，也侵略過別人，所以俄國與中國的關係談不上侵略，又認爲歷史上只有漢族住的地區才是中國的。中共十月八日的聲明中曾引用列寧、恩格斯著作駁斥，並指出中國一向是多民族的國家。雙方對歷史事實的爭辯很長，所以在本文中從略。

註三七　關於一八五八年及一八六〇年俄國割取我國東北大片領土之經過，可參閱，蔣廷黻編，「近代中國外交史料輯要」，上卷，上海：商務印書館，民國廿年出版；臺北：臺灣商務印書館，民國五五年臺二版，頁二七六～三三二。

註三八　見 V.M. Khvostov, "The Chinese 'Account' and Historical Truth," Mezhdunarodanya Zhizn, No. 10 (Octoben, 1964)。英文譯文見 John Gittings, Survey of Sino-Soviet Dispute, A Commentary and Extracts from the Recent Polemics, 1963-1967, London: Oxford University Press, 1968, pp. 164-166。

註三九　見一九六九年十月九日「人民日報」。

註四〇　見中共外交部新聞司，「珍寶島從來就是中國的領土」，載一九六九年三月十一日「人民日報」。

註四一　見 Oppenheim, supra, note 2, Vol. I, p. 532; Kozhevnikov, supra, note 6, p. 196；及「國際法」，前引註六，頁一九七。我國學者的見解亦同，例如湯武氏寫稱：『不能航行之界河，係以平分河身兩岸距離之線爲界；可供航行者，則以平分河身最深航道之線爲界。此現行國際法之一般規律，久經國際條約採納各國法院接受。』，見其著，「中國與國際法」(二)，臺北：中華文化出版事業委員會，民國四七年出版，頁二八四。

註四二　見一九六九年五月廿五日「人民日報」。

註四三　見一九六九年十月九日「人民日報」。蘇聯提出的一九五一年協定似乎無法支持其航道與邊界線不一致的主張，因爲如以主航道爲界，則航道一方一半，所以條約中所說的「不管國境線在那裏通過」可解釋爲一方船隻可在另一方的航道上通行，並不限於自己一方航道。

註四四　見註四十二。

註四五　一九六九年十月九日「人民日報」。

註四六　見註十二。

註四七　Oppenheim, supra, Vol. I, note I, p. 954.

註四八　中華人民共和國外交部編，「中華人民共和國條約集」，第一集（一九四九～一九五二），北京：法律出版社，一九五七年出版，頁九。

註四九　同上，第六集（一九五七），一九五八年出版，頁二七九。

註五〇　見註四十七及其正文。

註五一　見註四十二。

註五二　見註四十五。

註五三　同上。蘇聯中共雙方提到的一八九四年四月的換文，我國官方及民間編輯的條約彙編中，均未刊載；英美日人士編的中國條約彙編亦同。中共學者王鐵崖編的「中外舊約章彙編」（北京：生活、讀書、新知三聯書店，一九五七年出版）第一册（一六八九～一九〇一）中，也未刊載。中俄關於帕米爾地區的爭執，我國很少論及，由於資料缺乏，在本文中只有從簡。

註五四　例如，The China Yearbook, 1968-1969, (Taipei: China Publishing Co., 1969) 所附的中國地圖，就採納這種劃法。

註五五　參照註一六、一七、一八及有關以上三個註釋的本文。

註五六　中蘇在東北邊界雖係以江爲界，但河流有時會發生變遷，河流中有時舊島會消失，擴大或減小，有時又會出現新島，這都會發生劃界的困難，需要雙方協商解決。

註五七　中文譯文引自：王世杰、胡慶育，「中國不平等條約之廢除」，臺北：中央文物供應社，民國五六年出版，頁一一二。

註五八　同上。

註五九　同上，頁一一一。

註六〇　見同上，頁一一五。

註六一　見該書，臺北：正中書店，民國四一年臺四版，頁一二九。

註六二　見民國五八年九月廿七日「中央日報」，國內版，頁二。

（原載「東亞季刊」，第二卷第二期，民國五十九年十月。）

柒、大陸礁層與海床開發的法律問題

近年來有不少國家對於其領海內外海底資源，尤其是油礦，逐漸計劃或已經從事開發；並且由於科學技術日漸發展的結果，這種開發的範圍有日益擴展的趨勢。這些國家採取這種行動的結果，當然會引起彼此之間的利害衝突；同時一個國家的開發海底（不管是在領海內或領海外）工作，也會影響到人類全體的利益，例如海水因開發工作而被污濁（pollution）的問題。這類問題都需要法律來規範，以解決及調和各國間的利害衝突，此外，海底資源的開發工作，往往還需要幾個國家共同合作，它們之間的權利義務關係，也要透過法律程序來規範。所以，海底資源的開發問題，雖然主要是個科學技術與經濟問題，但也有法律的一面。並且這一面是非常重要的，試想各國如果只顧自己利益逕行開發海底資源，不顧他國及全人類的利益，必然引起許多衝突，弄得不可收拾，甚至會妨害國際和平與安全。

本文的目的在就海底資源開發有關的幾個主要法律問題，作簡明的敍述；並將聯合國近年來有關這方面的工作，也略加說明，因爲近年來重要的國際立法工作，大都是由聯合國來推動與促成。

一、大陸礁層與海床的概念

海床（seabed）這個名詞是晚近才出現的，目前許多字典中還沒有列入這個字（註一），但在國際法著作及文件中，這個名詞却常出現。本文的目的不在研究這個名詞的來龍去脈，只在說明這個名詞的概念。

在一九五八年簽訂的「大陸礁層公約」（Convention on the Continental Shelf）中，其第一條用「海底區域之海床及底土」（the seabed and subsoil of the submarine areas）字樣，根據這個詞句的字義解釋，海底應分二部份。一是表面，稱爲「海床」；另一是其下的土地，稱爲「底土」（subsoil）。在聯合國的文件中，有時也作這種區分，例如，一九六九年九月召開的第廿四屆聯大的議程中，就有「各國現有管轄範圍以外公海之海洋底床與下層土壤專供和平用途及其資源用謀人類福利之問題」一項（註二），但在一般行文中，爲了簡便起見，往往只用「海床」一詞，它的含義是包括海床下的底土（註三）。

如上所述，「海床」一詞簡單來說，就是海底表面及其下的土壤。至於「大陸礁層」（continental shelf）（註四），簡單來說，就是海床的具有某種地理情況的一部份。它的含義，在科學上與法律上的意義不儘相同。

在科學上，大陸礁層是指大陸沿海低潮線起向海中逐漸傾斜的海底，直到傾斜角度逐漸加深到相當程度爲止。這種傾斜深度就是「大陸礁層」的界限，在通常情形，大陸沿海海底在二百公尺左右逐漸加深到相當程度，當然也有在這範圍內或以外才開始變深的。自沿海海底傾斜度陡增之處開始，到深海中的平地爲止，稱爲「大陸斜坡」（continental slope）（註五）。

從法律觀點看，「大陸礁層」的起算線，不是大陸沿岸的低潮線，因爲依據國際法，領海之下的海底是屬沿岸國所有，所以大陸礁層應自領海外線之下的基線起算。關於這點，一九五八年的「大陸礁層公約」中，在第一條對「大陸礁層」作下列界說：「⑴鄰接海岸但在領海以外之海底區域之海床及底土，其上海水深度不逾二百公尺，或雖逾此限度而其上海水深度仍使該區域天然資源有開發之可能者；⑵鄰接島嶼海岸之類似海底區域之海床及底土。」（註六）這是現在通常在國際法上多數學說及國家共同接受的「大陸礁層」定義，這個定義對於「大陸礁層」的外線，沒有明確規定，而以開發的可能性爲標準，是一缺點（這個問題詳後）。

二、隣近國家的大陸礁層劃界問題

沿海的一塊陸地上常會有好幾個國家，所以這塊陸地的大陸礁層應分屬這幾個國家，它們之間因此就發生劃界問題，依據「大陸礁層公約」第六條第二項規定，此事應由雙方協議規定，如無協議，「除因情形特殊應另定界線外，其界線應適用與測算每一國領海寬度之基線上最近各點距離相等之原則定之。」（註七）換句話說，原則上劃界是採用等距離原則（equidistance principle）來劃分。

如果二塊陸地隔著海相對，而這二塊陸地分屬二個以上的國家，那麼它們之間如果有相鄰接的「大陸礁層」時，界線如何劃分呢？「大陸礁層公約」第六條第一項規定此事應由雙方協議規定，如無協議，「除因情形特殊應另定界線外，以每一點均與測算每一國領海寬度之基線上最近各點距離相等之中央線爲界線」。（註八）換句話說，在這種情形下，原則上劃界也應採等距離原則。

以上所說的是「大陸礁層公約」中規定的劃界方式，不過這個公約加入的國家到現在爲止只有五十個左右，那麼假如海岸相對或相鄰國家中，有一個或全部不是公約的締約國時，它們之間的大陸礁層界線應如何劃分呢？在一九六九年北海大陸礁層案件（North Sea Continental Shelf Cases）（註九）中，國際法院就遭遇到這種問題。（參閱附錄一所載地圖。）

本案牽涉丹麥、荷蘭與西德之間在北海地區的大陸礁層應如何劃分的問題，丹麥與荷蘭是「大陸礁層公約」的締約國，而西德雖簽了公約却未批准，三方向法院提出的問題是，在北海地區三國之間的大陸礁層，應根據何種國際法原則與規則劃分。丹荷二國認爲應依公約所規定的等距離原則劃分，但德國認爲公約所訂的原則尚未成爲國際習慣法，而劃分礁層的辦法應使每一沿岸國獲得公正與衡平的部份（a just and equitable share）。

國際法院認爲公約所規定的等距離原則，尚未成爲國際習慣法，因此德國並無接受這個原則的義務。至於雙方劃分界線的原則，國際法院認爲應「根據衡平原則並斟酌一切有關情況」（in accordance with equitable principles and taking account of all the relevant circumstances），使沿岸國儘可能保有其陸地領土自然向海延伸的大陸礁層，但不要侵犯到其他國家陸地領土向海中的自然延伸部份。如果適用上述原則發生雙方大陸礁層重疊情形，除雙方協議劃分共同開發或共同管轄外，應採取中線原則。

雙方協商劃分大陸礁層時，國際法院認爲還應該考慮到下列幾個因素：⑴海岸的一般形狀及任何特別或異常特徵；⑵已知或可探知的大陸礁層地區之自然與地質構造以及該區域的自然資源；⑶沿岸國海岸線長度與大陸礁層的合理比例程度（a reasonable degree of proportionality）。

雖然國際法院的判決只對當事國及該案有效（註一〇），但事實上對國際法原則的闡明，有很大影響，在國際交涉時常被引用來說明國際法的原則。所以在公約的締約國與非締約國間，或非締約國彼此之間，顯然不能適用公約第六條所規定的等距離原則劃分大陸礁層。

除此之外，有些國家在參加公約的時候，還對公約第六條的劃界辦法，提出保留，例如，法國批准公約時，提出某些法國海岸地區是屬於公約第六條所述的「情形特殊」的地區，因此不適用等距離原則（註一一）。我國政府在批准公約時，也對第六條提出下列保留：「(1)海岸毗鄰及（或）相向之兩個以上國家，其大陸礁層界線之劃定，應符合其國家陸地領土自然延伸之原則。(2)就劃定中華民國之大陸礁層界線而言，應不計及任何突出海面之礁嶼（註一二）」。

三、大陸礁層的法律地位及其與各國管轄外的公海海床的界線問題

對於大陸礁層沿海國依大陸礁層公約第二條的規定，「為探測大陸礁層及開發其天然資源之目的」，對其得「行使主權上權利」。該條並規定這種權利是「專屬權利，沿海國如不探測大陸礁層或開發其天然資源，非經其明示同意，任何人不得從事此項工作或對大陸礁層有所主張。」除此之外，本條還規定這種權利「不以實際或觀念上之佔領或明文公告為條件（註一三）。」

雖然沿海國對大陸礁層可以行使主權上的權利，但這個地區的法律性質顯然與國家的領土（包括領海

）不同，這種權利的行使是有相當限制的。公約第三條規定礁層之上的海水仍為公海，其上的空間仍為公空。第四條規定沿海國除為採測或開發大陸礁層的資源，「有權採取合理措施外，對於在大陸礁層上敷設或維持海底電纜或管線不得加以阻礙。」此外，第五條還對沿海國探測或開發資源採取的措施，定有種種限制，並對他國為純科學的目的在一國的大陸礁層從事實地研究，不得拒絕（註一四）。

由於大陸礁層上的資源是專屬沿海國所有，所以沿海國當然希望它的礁層範圍愈大愈好，一九五八年的公約對其範圍提出了下列二個劃界標準：(1)水深在二百公尺以內的礁層是屬沿海國所有；(2)超過水深二百公尺的礁層仍有開發可能者，也屬於沿海國（註一五）。這二個標準在適用上都有困難。

就第一個標準說，由於各國沿海地理狀況不一樣，所以各國的礁層範圍大小不一，且有時相差甚大。例如，我國黃海東海的海水深度都在二百公尺以內，所以我國在這區域的大陸礁層寬達一百海浬以上；但在南美巴西、秘魯、阿根廷、智利等國，大多離海岸十幾浬水深就超過二百公尺，所以它們的礁層範圍當然很小。因此，這些國家如果參加公約，接受二百公尺水深的礁層範圍，未免不利，所以南美幾國到現在為止，都還沒有參加公約（註一六）。不但如此，南美各國為保障其沿海資源，還主張二百浬領海，領海內的資源都不准它國開採。

就第二個標準說，在目前的科學技術情況，還只能開採水深一百公尺左右以內的海底資源，但預測到一九七〇年代末，人類將可開採水深在一千二百公尺到一千八百公尺的海底資源（註一七），到那時候各國大陸礁層不是要大大擴張，所以這個標準實在很不確定，難以作為法律上的一個準則。

由於上述原因，在聯合國裏，有不少國家在討論海床的和平使用問題時，均提出大陸礁層與各國管轄外的公海海床的劃界問題，認爲應由聯合國來研究決定。例如，在一九六九年秋廿四屆聯大中，印度代表在第一委員會發言表示一九五八年的「大陸礁層公約」，對於大陸礁層的界限，缺乏明確規定，應該修改（一八）。同年十二月十五日聯大通過有關海床問題的二五七四號決議中也指出一九五八年的大陸礁層公約「所載大陸礁層之定義對於沿海國家爲探測並開發天然資源而行使主權所及地區界限之規定有欠精確，而且關於此事國際習慣法亦無定論（註一九）。」

四、各國管轄範圍以外的公海海床的法律地位問題

公海依據國際法原則是不得爲任何國家據爲已有，各國船舶都可在公海航行，從事漁捕，並得在上空飛行等，這就是所謂「公海自由的原則」（freedom of the high seas）（註二〇）。至於公海的法律地位，現在的通說認爲它是「人類公有物」（res communis omnium）（註二一），任何國家不能在公海設定主權。至於公海之下的各國管轄範圍外的海床（以下簡稱「公海海床」時卽指各國管轄範圍外的海床，不包括各國管轄範圍內的大陸礁層在內）的法律性質，在以前科學技術不能探測海底時，原也不發生問題，沒有國家對公海海床主張權利，當時僅有國家在海底敷設電線或建築隧道，這些權利是包括在「公海自由的原則」內（註二二）。但是最近由於科學技術的發展，使探測或開發公海之下的海床，已有可能，所以許多國家認爲關於公海海床的法律性質必須研討，以防公海海床在可預見的將來成爲各技術先進國家的殖民地。

關於這點，自一九六七年廿二屆聯大以來，在聯合國中曾經歷次提出討論，到今日尚未獲得定論。現將聯大處理這個問題及公海海床的其他相關問題，一併略加說明於下。

一九六七年秋第廿二屆聯大開會時，由於馬爾他國（Malta）的提議，聯大將「審查各國現有管轄範圍以外公海之海洋底床與下層土壤專供和平用途及其資源用謀人類福利之問題」，列入議程，並通過二三四〇號決議設立專設委員會，研究有關問題，提出報告給次屆聯大（註二三）。

一九六八年底，第廿三屆聯大，討論上述專設委員會的報告後，通過二四六七號決議，設立一常設委員會，定名爲「各國管轄範圍以外海洋底床和平使用委員會」（Committee on the Peaceful Uses of the Seabed and the Ocean Floor beyond the Limits of National Jurisdiction），簡稱爲「海床委員會」（Seabed Commitee），專司這一方面的工作，會議中並認爲海床的探測及開發，應謀人類全體的福利，「尤須特別顧及發展中國家之利益與需要（註二四）。」常設委員會向一九六九年秋召開的第廿四屆聯大，提出了一個報告，內容着重在有關背景及資料敍述，並未提出具體建議。大會將報告提交其第一委員會討論時，各國代表均着重下列三個問題的討論：⑴使用海床的各項原則；⑵應否設國際機構專司其事；及⑶各國管轄範圍以內及以外海洋底床的區分界限問題。這些問題當然非該屆大會能夠討論完畢得出結論，因此，該屆聯大在一九六九年底通過決議二五七四號，要求秘書長及常設委員會，繼續研究這些問題，並規定在海床開發使用之國際管制制度未成立前，禁止所有國家或個人，對各國管轄範圍以外海床，作任何開發活動；並規定「對此種地區之任何部份或其資源之要求，概不承認（註二五）。」換句話說，聯合國這個決議將各國管轄外的海床法律地位，暫時凍結，以免有關國家，在聯合國制定有關海床的開發原則前，先造成既成事實。

此外，值得注意的是，在聯大第一委員會討論時，有些國家對海床的法律地位提出的看法，頗爲接近「人類公有物」的理論。例如，在一九六九年秋季召開的廿四屆聯大中，巴西代表在第一委員會曾說：「各國管轄範圍以外之海洋底床爲人類所繼承之共同財產，此一觀念包含二種意義，一爲各國不得私自主張主權或占有之權利，一爲各國均得參加共同管理並共享其實益（註二六）。」我國代表在一九六八年秋季召開的廿三屆聯大中，曾於第一委員會十月三十日的會議中說：「本代表團贊成下一觀點：卽各國現有管轄範圍以外海洋底床區域不能夠由各國劃分，而應該視爲具有一種全人類共同財產的特別法律地位（註二七）」。

一九七〇年九月召開的第廿五屆聯大，繼續討論海床問題，並在同年十二月十七日以一〇八票贊成，十四票棄權（無反對票），通過二七四九號決議，宣佈一個「關於各國管轄範圍以外海洋底床與下層土壤原則宣言」（Declaration of Principles Governing the Sea-Bed and the Ocean Floor, and the Subsoil Thereof, beyond the Limits of National Jurisdiction），其中宣佈下列重要原則：⑴此等區域及其資源爲人類所繼承的共同財產（the common heritage of mankind）；⑵此等區域不得被任何國家、自然人或法人據爲己有（appropriation）；⑶任何國家不得對此等區域主張主權上的權利，或主張或行使任何與將來建立的國際管制制度不符或與本宣言宣示的原則不符之權利；⑷任何有關探勘或利用此等區域的資源之活動或與其相關之活動，均應遵守將要建立的國際管制制度；⑸此等區域應開放給所有國家，不論是沿海國或內陸國（land-locked countries 卽無海岸線的國家），根據將要建立的國際管制制度和平使用；⑹國家在此等區域內應依將來的管制制度及可以適用的國際法原則，從事活動；⑺對此等區域之探勘及利用應謀人類全體的利益。

決議中並指出其所宣示的原則，並不妨礙海床上方水域及空間的法律地位（註二八）。

除了通過上述決議外，聯大並通過二七五〇號決議，決定在一九七三年召開海洋法會議，討論足夠的國際管制制度，包括有關海床的國際制度在內。

五、對大陸礁層與公海海床資源從事實際探測與開發引起的其他法律問題

以上所說的是探測或開發大陸礁層與公海海床的一些基本先決問題，如果在探測或開發前對於這些地域的法律性質及其與鄰國的界限、礁層與公海海床的界限都弄不清楚，就冒然來開發，必至於引起許多國際糾紛。本段所敍述的是實際從事探測或開發時所引起的一些法律問題，由於篇幅所限只能舉三個現已發現並且較為重要的問題，略加敍述。

探測或開發大陸礁層時首先引起的法律問題就是牽涉到「公海自由」問題，因為不論是大陸礁層或公海海床之上的海水，仍然是公海，但探測或開發礁層時，有時不得不在公海水面設置浮台或其他裝置，並將該區域附近水面設定安全區，保護探測或開採裝置。這類措施對於公海航行與漁捕等自由，當然會有某種程度的限制，因此如何用法律方式來調和二者之間的利害衝突，是一值得研究的問題。關於這點，一九

五八年的「大陸礁層公約」第六條第一項至第六項有詳細規定。

「一、探測大陸礁層及開發其天然資源不得使航行、漁捕或海中生物資源之養護受任何不當之妨害，亦不得對於以公開發表爲目的而進行之基本海洋學研究或其他科學研究有任何妨害。

二、以不違反本條第一項及第六項之規定爲限，沿海國有權在大陸礁層上建立、維持或使用爲探測大陸礁層及開發其天然資源所必要之設置及其他裝置，並有權在此項設置裝置之周圍設定安全區以及在安全區內採取保護設置及裝置之必要措施。

三、本條第二項所稱之安全區得以已建各項設置及其他裝置周圍五百公尺之距離爲範圍，自設置與裝置之外緣各點起算之。各國船舶必須尊重此種安全區。

四、此種設置與裝置雖受沿海國管轄，但不具有島嶼之地位。此種設置與裝置本身並無領海，其存在不影響沿海國領海界限之劃定。

五、關於此項設置之建立必須妥爲通告，並須常設警告其存在之裝置。凡經廢棄或不再使用之設置必須全部拆除。

六、此項設置或位於其周圍之安全區不得建於對國際航行所必經之公認海道可能妨害其使用之地點（註二九）。」

至於探測或開發公海海床時引起的相似問題，目前還沒有國際條約或明確的國際慣例規定，不過在聯合國中討論海床問題時，有些國家曾提出意見，對這個問題表示關切。例如，日本代表在一九六八年秋召開的第廿三屆聯大的第一委員會中，曾發言表示「海洋底床之使用不得妨礙公海航行自由，亦不得妨礙『

上方水域』之地位（卽不得妨礙其他國家在上方水域捕魚、航行及其他合法之權利）（註三〇）。」這個問題正由聯合國的海床委員會研究中。

第二個由於探測或開發礁層或公海海床引起的重要法律問題就是海水因探測或開發時被汚濁，因而破壞自然環境及生物資源的養護問題。目前由於世界油礦需要日增，所以在海底（包括領海內及大陸礁層）採油逐漸普遍，在一九六八年美國加州沿海海底鑽油井時，不愼引起大量原油外漏，將附近廣大海面全部汚濁，魚類死亡衆多，並對沿海自然環境破壞甚大，這種情形如果不先採取必要措施，制定法律處理預防，並規定損害賠償準則，將來也必引起國際糾紛。關於這點，一九五八年的「大陸礁層公約」第五條第一項僅規定探測或開發之國家，「不得使…海中生物資源之養護受到任何不當之妨害。」同條第七項也僅規定，沿海國負有在設置的探測或開採「安全區內接取一切適當辦法以保護海洋生物資源免遭有害物劑損害之義務（註三一）。」以上規定，過於簡單，並且對賠償責任也未規定，顯然無法適應將來的需要。

近年來聯大討論海床問題時，有些國家也提出這個問題，廿三屆聯大於一九六八年十二月廿一日通過二四六七號決議，其中訓令「海床委員會」應「審查各方所提合作措施，此項措施係備供國際社會採用，以防止探測及開發此種地區資源可能造成之海水汚濁（註三二）。」到目前爲止，海床委員會尚未提出有關防止海水汚濁問題的報告及可採措施。

最後一個重要問題，就是開發公海海床所得的資源與經濟利益應該如何分配問題。前已述及有不少國家認爲公海海床應認爲是人類的共同財產，而廿二屆聯大以來，歷次聯大決議均確認海床開發應謀人類全體利益。例如，前已提及的二四六七號決議中就表示聯大「深信此種開發之目的應爲謀求全人類之福利，不論各國之地理位置何在，特別顧及發展中國家之利益與需要（註三三）。」所以如果開採所得資源或經濟利益均為開採國所有，未免不符合上述原則；且有能力開採海底資源的必定是技術先進的國家，如不規定合理分配開採所得的辦法，海底資源又將少數國家所獨占，怎能說是「謀求全人類之福利」呢？

這一問題在聯大也有不少國家提出。前已提及的大會二四六七號決議中，也訓令「海床委員會」研究這個問題，不過到目前為止，委員會尚未提出具體建議。

除了上述三個問題外，其他有關公海海床開發的實際問題還多，例如：是否應設國際機構來專司這方面工作，各國合作開發的方式，海床開發對自然環境生態方面（ecology）有何影響等，都是值得研究的問題，由於篇幅所限無法多討論。

六、將來的展望

由於世界人口日益增加，各國競相追求工業化的結果，陸上資源逐漸有耗盡之虞，所以海洋資源的開發是勢在必行，但在開發海洋資源之時，各國利益難免發生衝突，所幸在目前各國還未大規模向海底開採資源時，聯合國已注意到這個問題，開始先行研究適當辦法透過法律的方式來調和各國將來可能有的利害衝突，如果多數國家能認識到這個問題確實牽涉到人類的共同利害，相信在不久的將來在聯合國主持下，定能制定出合理的法律制度來規範大陸礁層及公海海床的探測或開發的活動。

附錄一：北海大陸礁層案爭執地區圖

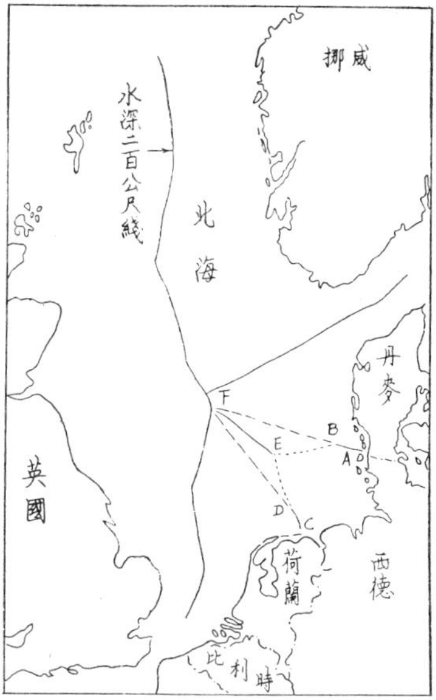

1.丹荷二國主張西德大陸礁層爲 BED 線以內。

2.西德主張其大陸礁層爲 BFD 線以內。

（本圖係照 International Court of Justice, Reports of Judgments, Advisory Opinions and Orders 1969, p. 15 後所附 Map 3 仿繪。）

附錄二：關於島嶼的大陸礁層問題簡單說明

最近中日二國對釣魚臺列嶼的領土主權糾紛，牽涉到島嶼是否可以主張大陸礁層的問題，因爲釣魚臺列嶼位於我國東海大陸礁層之上，而與琉球群島及日本本土不相關連，在地理上絕非日本或琉球的大陸礁層之一部份，因此日本妄想覇占釣魚臺列嶼以便以此數個無人小島來主張大陸礁層，以便竊占我國東海大陸礁層的一部份。因此，關於島嶼的大陸礁層，有加以簡單說明的必要。

一九五八年的「大陸礁層公約」第一條中，承認島嶼可以主張大陸礁層。但是，認爲每個島嶼，不分大小，都可以作爲劃分大陸礁層的基礎，必將引起非常不合理的結果，因此在一九五八年日內瓦海洋法會議時，義大利與伊朗都建議，如果島嶼位於一個自大陸開始的連續大陸礁層上，雙方以中線劃分大陸礁層時，應自大陸海岸線起算，而不計及島嶼。另外，英國代表也表示，爲測算大陸礁層的界限，島嶼應依其大小決定其是否可作爲測算基礎，極小之島或沙礁雖在該國大陸礁層上，而位於領海線外者應不得爲計算大陸礁層的基礎。美國代表則認爲由於島嶼大小不同，所以難以採行一個一般標準來決定島嶼是否可以作爲劃定大陸礁層之基礎，而每一個島嶼應依其性質另作決定。雖然一九五八年的日內瓦海洋法會議未採納義大利及伊朗的建議，但由上述討論時的意見可知，並非所有位於大陸礁層上的島嶼，都可以作爲劃定大陸礁層的基礎。

日本國際法學者小田滋教授認爲在絕大多數的情形下，一個島嶼如僅是大陸礁層上的突出部份，並無理由來考慮以其爲劃定大陸礁層之基礎。當然，島嶼的大小、位置、開發程度、人口等可能構成公約中的「情形特殊」；而得根據衡平原則作爲劃分大陸礁層的基礎。因此小田滋教授建議一九五八年的公約應該修改，規定島嶼僅在「特殊情形」下才能作爲劃分礁層的基礎。

此外，小田滋教授並認爲在一國大陸礁層範圍外的島嶼能否主張大陸礁層應依具體情況決定。換句話說，這種島嶼並非當然就可據其主張大陸礁層。

(以上是參考 Shigeru Oda, "International Law of the Resources of the Sea," in Academie de Droit International, Recueil des Cours, Vol. 127 (1969-II), Leyden：A. W. Sijthoff, 1970, pp. 450-452 寫成。)

註

註一　例如，A. S. Hornby, The Advanced Learner's Dictionary, 2nd. ed. New York and London：Oxford University Press, 1963 及梁實秋主編，「最新實用英漢辭典」，臺北：遠東圖書公司，民國五十七年出版，均未列入這個名詞。

註二　見外交部國際組織司編印，「中華民國出席聯合國大會第廿四屆常會代表團報告書」，民國五十九年六月出版，頁九三。「海洋底床」及「下層土壤」二詞是分別譯自 seabed 及 subsoil。

註三　聯合國出版物中常用 Seabed 一字包括「海床」及「底土」二個概念，例如，UN Monthly

Chronicle 中將 Committee on the Peaceful Uses of the Sea-Bed and the Ocean Floor beyond the Limits of National Jurisdiction 簡稱 Committee on the Peaceful Uses of the Sea-Bed 。事實上該委員會處理有關「海床」及「底土」的問題。

註　四　Continental Shelf 國內有譯爲「大陸棚」、「大陸架」、「大陸台」、「大陸基地」、「大陸沙洲」或「大陸灘」者。見劉伯倫，「大陸灘制度的研究」，載「社會科學論叢」，第十輯，臺北：國立臺灣大學法學院，民國四十九年出版，頁二三四～二三五。

註　五　見 Scientific Consideration Relating to the Continental Shelf, Memorandam by the Secretariat of the UNESCO, September 20, 1957, in United Nations Conference on the Law of the Sea, Official Records, Vol. I: Preparatory Documents, (U.N. Sales No. 58. V.4. Vol. I.), pp. 39-40.

註　六　引自第一屆立法院，「立法專刊」，第三十九輯（第四十五會期），立法院秘書處編印，頁廿八。

註　七　同上，頁卅。

註　八　同上，頁廿九。

註　九　見 American Journal of International Law, Vol. 63, No. 3 (July 1969), pp. 591-631.

註一〇　國際法院規約第五九條規定，「法院之裁判除對於當事國及本案外，無拘束力」。

註一一　引自 D.W. Greig, International Law, London : Butterworths, 1970, p, 160.

註一二　「立法專刊」，第三十九輯，前引註六，第卅一頁。

註一三　同上，第廿八頁。

註一四　同上，第廿八～廿九頁。

註一五　見公約第一條，同上，第廿八頁。

註一六　見 Multilateral Treaties in respect of which The Secretary-General Performs Depositary Functions-List of Signatures, Ratifications, Accessions, etc. as At 31 December 1968 (New York : The United Nations, 1969), pp. 347-348.

註一七　見"Issues Before the 24th General Assembly," International Conciliation, No. 574 (September 1969), p. 64及Petroleum Resources Under the Ocean Floor (Washington : National Petroleum Council, March 1969).

註一八　見「中華民國出席聯合國大會第廿四屆常會代表團報告書」，前引註二，頁九五頁。

註一九　同上，第一〇三頁。

註二〇　見 Max Sørensen, Manual of Public International Law, New York : St. Martin Press, 1968, p. 347.

註二一　同上，p. 346。

註二二　同上，p. 347。

註二三　見「中華民國出席聯合國大會第廿二屆常會代表團報告書」，民國五十七年七月編印，第八四頁。

註二四　見「中華民國出席聯合國大會第廿三屆常會代表團報告書」，民國五十八年七月編印，第一一〇～一一二頁。

註二五　見「中華民國出席聯合國大會第廿四屆常會代表團報告書」，前引註二，第一〇四頁。

註二六　同上，九六。

註二七　見註二四所引報告書，第一〇八頁。

註二八　見 UN Monthly Chronicle, Vol. VII, No. 1 (January 1971), pp. 37-38.

註二九　「立法專刊」，第三十九輯，前引註六，第廿九頁。

註三〇　見註二四所引報告書，第一〇七頁。

註三一　「立法專刊」，第三十九輯，前引註六，第廿九頁。

註三二　見註二四所引報告書，第一一一頁。

註三三　同上。

（補充說明）

一九七〇年十二月十七日聯合國大會通過了第二七四九號決議，發佈了「關於各國管轄範圍以外海洋底床與下層土壤之原則宣言」(Declaration of Principles Governing the Seabed and Ocean Floor and the Subsoil Thereof beyond the Limits of National Jurisdiction)，本決議是以一〇八票對〇票，十四票棄權通過，我國投贊成票（註一），宣言全文如下：

「大會

覆按其一九六七年十二月十八日決議案二三四〇（二十二）一九六八年十二月二十一日決議案二四六七（二十三）及一九六九年十二月十五日決議案二五七四（二十四）、均與所議項目標題提及之地域有關，

確認在各國管轄範圍以外有一個海洋底床與下層土壤之地域存在，其確切界限尚待確定，

承認現有公海法律制度中並無實體規則，管制上述地域之探測及其資源之開發，

深信此一地域應保留專供和平用途，此地域之探測及其資源之開發應爲謀全人類福利而進行，

相信必須儘速建立適用於此一地域及其資源之國際制度，包括適當之國際機構，

認爲發展與使用此一地域及其資源之方式，應求增進世界經濟之健全發展及國際貿易之平衡增長，並儘量減少因此類活動引致原料價格波動而產生之任何不良經濟影響，

茲鄭重宣告：

一、各國管轄範圍以外海洋底床與下層土壤（以下簡稱該地域），以及該地域之資源，爲全人類共同繼承之財產。

二、國家或個人，不論自然人或法人，均不得以任何方式將該地域據爲己有，任何國家不得對該地域之任何部份主張或行使主權或主權權利。

三、任何國家或個人，不論自然人或法人，均不得對該地域或其資源主張、行使或取得與行將建立之國際制度及本宣言各項原則牴觸之權利。

四、所有關於探測及開發該地域資源之活動以及其他有關活動，均應受行將建立之國際制度管制。

五、該地區應予開放，由所有國家，不論沿海國或陸鎖國無所歧視，依據行將建立之國際制度，專為和平用途而使用。

六、各國在該地域之行動，應遵照適用之國際法原則及規則，包括聯合國憲章及一九七〇年十月二十四日大會所通過關於各國依聯合國憲章建立友好關係及合作之國際法原則宣言〔註：即大會決議案二六二五（二十五）〕，以期維持國際和平與安全，並增進國際合作與相互了解。

七、該地域之探測及其資源之開發應以全人類之福利為前提，不論國家之地理位置為陸鎖國或沿海國，同時應特別顧及發展中國家之利益與需要。

八、該地域應保留專供和平用途，但不妨礙國際裁軍談判已經或可能協議採取而且可能對更廣泛範圍適用之任何措施。現應儘速締訂一項或多項國際協定，以期有效實施本原則，同時作為一個步驟，不使海洋床底與下層土壤發生軍備競賽。

九、依據本宣言之各項原則，應即以一項普遍協議之世界性國際條約建立適用於該地域及其資源之國際制度，包括負責實施其各項規定之適當國際機構。此項制度除其他事項外，應規定該地域及其資源之循序安全發展與合理管理及擴大其使用機會，並應確保各國公允分享由此而來之各種利益，同時特別顧及發展中國家之利益與需要，不論為陸鎖國或沿海國。

一〇、各國應以下列方法促進國際合作，進行專為和平用途之科學研究：

（a）參加國際方案，並鼓勵各國人員合作從事科學研究；

（b）切實公佈研究方案，並藉國際途徑傳播研究結果；

（c）合作實行加强發展中國家研究能力之措施，包括由此等國家之國民參加研究方案在內。

此種活動不得成爲對該地域之任何部分或其資源提出主張之法律根據。

一一、關於該地域內之活動，各國依照行將建立之國際制度行動時，應採取適當措施，並應互相合作，以便採用與實施國際規則、標準、與程序，除其他目的外，俾得：

（a）防止污染及沾染以及其他對海洋環境包括海岸在內之危害，防止干擾海洋環境之生態平衡；

（b）保護與養護該地域之天然資源，防止對海洋環境中動植物之損害。

一二、各國在該地域有所活動時，包括有關該地域資源之活動在內，應妥爲顧及此種活動所在區域沿海各國以及所有其他可能受此種活動影響之國家之權利及合法利益。凡探測該地域及開發其資源之活動，應與有關沿海國保持會商，以免侵害此種權益。

一三、本宣言內任何規定不影響：

（a）該地域上方水域或此等水域上方氣空之法律地位；

（b）沿海各國遇該地域內任何活動造成或引起之污染或污染威脅、或危險事故，對該國海岸或有關利益發生嚴重迫切危險時，採取措施加以預防、緩和或消除之權利，但以不違反行將建立之國際制度爲限。

一四、每一國家負有責任，確保該地域內之活動，包括有關其資源之活動在內，無論係由政府機關從事、或由其管轄下非政府團體或個人自行或代表國家辦理均應依照行將建立之國際制度進行之。

國際組織及其會員國對於該國際組織所從事或以其名義從事之活動，亦應負同樣責任。對於此種活動造成之損害，應負賠償責任。

一五、有關該地域及其資源之活動之任何爭端當事國，應按照聯合國憲章第三十三條所列辦法，及行將建立之國際制度中可能議定之解決爭端程序，解決此種爭端。」（註二）

註

註一　見「中華民國出席聯合國大會第二十五屆常會代表團報告書」，（臺北：外交部國際組織司編印，民國六十年六月出版），頁一八六。

註二　取自同上，頁一八七～一八八。

（原載「政大法學評論」，第四期，民國六十年六月。）

附帶說明：一九八二年聯合國海洋法公約第十一部份（第一三三條至一九一條）對這些問題已另有詳細規定，但目前陸上的礦產已足用，所以沒有國家進行政府採礦，我國雖因中共阻撓不能簽署及批准此公約，但前外交部長朱撫松已在一九八三年一月十二日立法院外交委員會說明，我國將遵守此公約（見立法院公報七十二卷三十八期）民國七十二年五月十一日，頁一〇九及一一一。我國並已制定相關法律，執行若干公約給以沿海國的權利。

捌、中國與西方關於不平等條約問題的比較研究

一、導　論

自從民國三二年英美二國與我國締約廢除不平等條約後，中外學者及政治家對不平等條約問題，極少研究或討論，但這並不表示這個問題已成歷史上的陳跡，它的研究只具有學術上的價值，而無實益。這個問題事實上在國際關係上，仍舊不時引起爭論。例如，民國五四年我國立法院討論批准「關於在中華民國之美軍地位協定」（註一）時，卽曾發生該約是否「不平等」的問題。此外，第二次大戰後，「不平等條約問題」也曾在聯合國的各種會議中，不時由新興國家提出；最近（民國五七及五八年）在維也納召開的二屆聯合國條約法會議，對「不平等條約」問題，也加以討論。

儘管如上所述「不平等條約」問題仍是一個值得研究的實際問題，國際法學家對這個問題作有系統的研究，却不多見（註二），本文的目的在就這個問題的來龍去脈，參照中西方的觀念及實踐，從法律觀點，予以比較分析。

二、西方學者對不平等條約的態度

一般人往往以爲「不平等條約」的觀念是我國或其他亞洲國家所新創，並非西方國際法上的觀念，這種看法與事實不符。西方國際法之父格魯秀士在他名著「戰爭與和平法」一書中（公元一六四六年版），卽將不根據自然法的條約權利內容，分爲平等與不平等條款二種他並舉例說明那種條款是不平等條款。例如，紀元前迦太基與羅馬的第二次和約規定迦國非得羅馬國同意，不得對他國作戰的條款；另外如條約中規定要拆毀堡壘、退出某些地方或交付人質等，都是不平等的條款（註三）。十七世紀的另一位學者普分道夫也對條約作類似的區別，他認爲「不平等條約」卽「條約中雙方所允諾的事不平等或使一方低於另一方」（註四）。以上二位學者對「不平等條約」的法律效力，未加評論。

十八世紀的著名瑞士法學家發特爾也將條約分爲平等與不平等二種，他並未懷疑「不平等條約」的法律效力，但他表示國家與個人一樣應尊重「正義」，所以國家應儘可能使他們之間的條約平等（註五）。同一世紀的德國法學家窩佛對於平等與不平等條約曾作相當詳儘的討論，但他的結論是條約不論平等與否，在法律上均有效。（註六）

十九世紀時西方學者對「不平等條約」問題的興趣大減，例如，在惠頓、吳爾璽、費利摩等人的著作中，根本就不提「不平等條約」問題（註七）。這三本書在十九世紀下半葉均被譯爲中文（註八），是我國官方及民間獲得西方國際法知識的主要來源，由於這三本書對不平等條約問題完全忽略，所以當時我國官方及民間似乎不知道國際法中有「不平等條約」這個問題。

在這時期中，少數西方學者對這個問題仍舊稍稍提及，但他們均不認爲「不平等」一點能夠使條約的效力稍減（註九）。自本世紀以來，西方學者在其國際法的論著中，對於這個問題完全忽略（註一〇），有位西方學者甚至表示將條約分爲「平等」與「不平等」二類是「牽强」與「無實益」的，應該放棄這種分類（註一一）。

一直到俄國革命後，一九一八年後數次宣佈要廢除沙皇政府加强於某些亞洲國家的條約（註一二），第一次大戰後，中國正式要求廢除不平等條約後，少數西方學者才再注意到本個問題，但他們並不認爲這是國際法上的一般原則性問題，所以他們的討論著重在中國的廢約問題，並未對這個問題作原則性的研討。（註一三）

三、中國對不平等條約的態度

關於中國在國民政府領導下廢除不平等條約的經過，中外學者討論已多（註一四），本文不再討論。本文只就下列三點，提出研討：⑴在中國「不平等條約」一詞的由來；⑵根據中國的理論與實踐說明何種條約構成「不平等條約」；⑶「不平等條約」應採何種手續修正或廢除。

現在先研究第一個問題。自從一八四二年中英之間訂立了第一個喪權辱國的條約以來，到民國初年爲止，中外之間訂立了許多對中國不利的條約，這些條約規定了領事裁判權、片面最惠國條款、租界、外國駐軍等。無需多說，中國政府及民間對這些條約當然不滿，自清末起卽開始要求廢除或修改，不過據作者的研究，用「不平等條約」一詞去形容這些條約，似乎是中國國民黨首倡，而第一個用「不平等條約」一詞的重要文件似乎是民國十二年一月一日公佈的「中國國民黨宣言」，其中指責清廷訂立許多「不平等條約」（註一五）。其後，「中國國民黨第一次全國代表大會宣言」（註一六），國父的「北上宣言」中（註一七），均重申廢除「不平等條約」的主張。這些及其後的國民黨文件，逐漸使「不平等條約」一詞，成爲我國家喻戶曉的名詞，並引起世界的注意。

至於國民黨的使用這個名詞究竟是自己新創，還是自外國名詞中譯來的呢？據作者研究，似乎以新創的可能性居多。因爲前已說過，清末譯爲中文的三册西方國際法著作中，剛好是三本都不提「不平等條約」的著作；作者見到的許多清末及民初的我國國際法的著作中，也完全沒有用到這個名詞。由此可見，當時的我國學者似乎都不知道「不平等條約」一詞曾在西方十七、十八世紀時的著作中出現，所以「不平等條約」一詞不可能源自西方著作（註一八）。

其次，這個名詞也不可能來自蘇俄，因爲蘇俄雖然在革命後提出放棄在中國、波斯等國的特權、租界等，但它並未用「不平等條約」一詞來表示規定這些事項的條約。事實上，據美國學者特里斯卡及史拉薩研究，「不平等條約」一詞是在第二次世界大戰後，才在蘇聯學術界流行（註一九）。

由此可知，「不平等條約」一詞雖曾在早期西方典籍中出現，但在中國開始使用這名詞，却是中國所創，並非源自外國。這個名詞的來源旣明，現在再討論該詞的涵義。

我國學者很少對「不平等條約」一詞，加以一般性的界說。民國廿年出版的曾友豪著的「國際法上不平等條約之廢止」一書中，曾對此詞的涵義，有簡單說明，他認為在東方的「不平等條約」與近東（指土耳其）的領事裁判制度（Capitulatory regime）相似，包括一些授與外國人的特別政治或經濟權利與豁免權。（註二〇）這個涵義過於含糊，它未說明為何這些條約是不平等，比較妥善的一般定義是王世杰與胡慶育下的，他們認為：「大致言之，近代國家，均抱有主權與平等的觀念，故所訂條約，類多力求平等。倘締約國間，僅一方有義務，對方享權利規定此種關係的條約，自然成不平等條約。例如中國允許他國在我國國境內，有領事裁判權，有值百抽五的關稅，而他國並不許中國在其境內享有同樣權利，那便是不平等的條約安排。」（註二一）。

至於根據中國的看法那些事項是屬於不平等條約的內容呢？據 蔣中正著的「中國之命運」中的分析，有下列多項：(1)領事裁判權；(2)關稅協定權；(3)租界；(4)軍艦行駛停泊權；(5)海關稅務管理權；(6)沿海貿易權；(7)內河航行權；(8)勢力範圍；(9)租借地；(10)鐵路建築權；(11)鐵路附屬地；(12)礦山開採權；(13)外國軍隊駐紮權；(14)郵政洋員任用權及外國郵局；(15)設廠製造權；(16)使館界（首都劃定特別區為各國使館，界內華人不准居住，有外國兵常川駐守）；(17)關稅支配權及關餘保管權（關稅由外國人管理，每年收入扣除庚子賠款後餘額存入外國銀行，由外人管理）；及(18)管理內河及使用外國引水人建造燈塔浮標等項（註二二）。

我國官方及民間對不平等條約的內容之看法，與上述分析大體相符（註二三），惟有一點要注意，即上引著作及我國學者的著作，均未將「片面最惠國條款」列為「不平等條約」的一個項目（註二四）。似欠妥當，因為這種條款的「不平等性」最為明顯，所以也應列入「不平等條約」的涵義中。

此外，我國自清中葉以來被迫簽訂了許多領土割讓條約，如一八四二年中英條約割讓香港，一八五八年中俄瑷琿條約割讓黑龍江以北大片土地，一八九五年中日馬關條約割讓臺灣澎湖等。這些條約對方片面無償取得大片土地，所以顯然是「不平等條約」，但我國官方及民間的觀念中，並未明白表示這類領土割讓條約是「不平等條約」。這種態度顯然是受當時的歷史條件及政治考慮的影響，因為領土割讓條約是屬於已履行的條約（Executed treaty），領土一經交割，雙方權利義務即了，沒有爭執餘地。如果要收回領土必須雙方政治力量的對比有重大變化，如一方在戰爭中擊敗對方，否則由談判方式想修改或廢棄領土割讓條約殊無可能。在國家國力未豐之時，貿然提出領土割讓條約是「不平等條約」，要求修改，只有引起對方疑懼或加速侵略措施。所以這類條約的修改或廢棄，必須在適當的政治情況提出，無法由一般外交手段交涉，例如，民國三四年我國擊敗日本後立刻收回臺灣澎湖，在民國四一年簽訂的中日和約中並確認日本霸佔臺澎的一八九五年馬關條約已自民國卅年十二月九日失效（註二五）。

以上就「不平等條約」的涵義略加說明，現在研討依據中國的看法，這類條約應如何修改或廢除。儘管「不平等條約」強加於我國許多不合理的義務，妨害我國的生存與發展，但我國官方與民間並未主張對於這類條約可以隨便廢棄。我國認為這類條約，應經正常外交程序，由雙方以談判方式修改或廢除。民國十七年六月十五日國民政府發表的對外宣言中對這點有正確說明如下：「中國八十餘年間備受不平等條約之束縛，此種束縛，既與國際相互尊重主權之原則相違背，亦為獨立國家所不許。因此，中國屢次宣言，期諸友邦之諒解，所幸自一九二六年末以來，諸友邦之當局，已有同情於另訂新約之表示。今當中國統一告成之會，應進一步而遵正當之手續，實行重訂新約，以副完成平等及相互尊重主權之宗旨……國民政府，更願為各友邦告者，國民政府，對於友邦以平等原則依合法手續所負之義務，始終未嘗蔑視」（註二六）。

我國雖然主張「不平等條約」應經外交談判手續，雙方協商修改或廢除，但如對方想利用我國的友好和平態度，來延長它在中國的「不平等條約」下的權利；這種措施顯然不是我國所能容忍的。因此，經過三年的談判後，英美等國仍舊不願放棄在華的領事裁判權時，國民政府於民國廿年五月四日公佈「管轄在華外國人實施條例」，預備自民國廿一年一月一日起實施，換句話說，自該日起我國將採片面行動廢除領事裁判權。上述措施不幸因日本於民國廿年九月十八日突然發動瀋陽事變霸占我國東北而暫停實施。

上述國民政府擬採的片面廢除領事裁判權的行動，以西方國際法有關原則來衡量，並無不法之處。西方著名的國際法學家奧本海認為條約訂立後，如果情勢發生重大變遷，國家可以廢除條約，因為一個國家的生存發達與其條約義務發生衝突時，則條約義務必須讓步；國家的自存及發達，是國家的天職，國家自不能允許訂立條約來妨礙它天職的履行（註二七）。

「不平等條約」對我國的生存與發達有重大妨害，是人所共知的事實，所以我國根據國際法上情勢變遷原則（註二八），當然可以採取片面行動廢除。雖然有些學者認為情勢變遷原則易滋濫用，不可輕易援引，但我國在採片面廢約前，已與對方談判三年而無結果，所以這時片面廢約無論如何不能說是情勢變遷原則的濫用。

民國卅二年英美二國終於同意與我國締訂平等條約，廢除在華基於不平等條約的權利。其他的不平等條約也在抗戰勝利後廢除，惟一的例外是九龍租借地問題，這塊地是一八九八年被英強租去的，租期九九年，此時我國其他的租界地不論租期長短均已收回，此地自不應例外，民國三二年締結中英新約時，英方不欲討論，但我國宋外長表示保留將來提出的權利（註二九）。民國三四年日本投降時，我國原可趁派軍到九龍受降之時，收回九龍，但國民政府蔣主席不願採取片面行動廢約，重申將來要經談判收回九龍，由此可見我國非萬不得已，不願採取片面行動廢約（註三〇）。

舊的不平等條約雖因抗戰勝利而全部（除上述例外）廢棄，但戰後我國又遭遇到新的「不平等條約」問題。第一個條約是一九四五年八月十四日簽訂的中蘇友好同盟條約及有關協定，其中將一九〇四年以前帝俄在我國東北的特權全部恢復。此約內容早經英美蘇三國在一九四五年二月十一日雅爾達協定中同意（註三一），再由美國施壓力要我國接受，鑒於當時的國際局勢，我國只有接受（註三二），以換取三十年的和平及蘇聯承諾不援助中共叛亂（註三三）。不料蘇聯仍然違約援助中共，所以我國在一九五三年將該約及有關協定全部廢除。

第二個牽涉「不平等」問題的條約是一九六五年簽訂的「關於在中華民國之美軍地位協定」，在立法院審議這個條約時，有立法委員喬一凡提出書面意見，認為該協定規定美軍人員及其家屬享有下列特權，顯係「不平等條約」：(1)軍事裁判權；(2)免稅權；(3)設置郵局權；(4)護照不受簽證權；(5)人員出入境不登記權；(6)損害要求賠償權；(7)永久居住權；(8)不動產權；(9)美國法律適用於中國權；(10)外交官所不能享有而享有之特權（註三四）。

最後立法院投票決定是否批准該協定時，立法委員有十一人請假，八五人缺席，出席的三六〇人中在投票前有二〇四人退席，最後以一三四票贊成二二票反對通過批准（註三五）。但如將反對、請假、缺席及退席的立委人數加起來達三二二人，可見多數立委對這協定不滿。所以這個協定是否是一個平等的條約是很值得懷疑的。

四、不平等條約問題在國際法上的最近發展

根據傳統的國際法原則，締約時對談判條約的代表個人實施脅迫，將使條約無效；但對締約國本身實施脅迫，條約仍舊有效。在這種規則下，不平等條約當然是被認為有效的。

但自一九二八年非戰公約禁止戰爭作推行國家政策的工具後，這種原則已有改變。既然戰爭是非法，則在這種非法手段脅迫下締結的條約，當然不應有效。不過非戰公約只禁止戰爭（除了自衞之戰），並未及於一般次於戰爭的武力使用，漏洞仍很多，如果一國用次於戰爭之武力脅迫他國訂約，這種條約是否應有效呢？一九四五年的聯合國憲章則進一步禁止會員國在國際關係上行使威脅或武力，著名的國際法學家勞特派特主張，由於非戰公約及憲章規定的結果，違反上述文件使用武力威脅而訂立的條約應屬無效（註三六）。這種主張為多數國際法學家及各國贊成，因此一九六九年聯合國召開的第二屆條約法公約會議通過的公約中，明文規定於第五二條「條約係違反聯合國憲章所含國際法原則以威脅或使用武力而獲締結者無效。」（註三七）

基於上述的發展，如果使用武力或威脅强迫他國簽訂不平等條約，這種條約在國際法上是無效的。但是，如果一國用武力以外的威脅如政治或經濟壓力，迫使他國締結「不平等條約」，這種條約是否仍舊有效呢？第二次世界大戰後，新興國家常因這個問題與西方國家起爭執。

蘇聯共產集團國家對這個問題一貫主張這種不平等條約也是無效（註三八），但西方國家則意見分歧。大體上說，西方中小國主張無效，大國則因本身利益主張有效。當一九六三年聯合國國際法委員會將其起草的條約法公約草案送交各國評論時，許多西方中、小國家表示第三六條（卽後來變成上引的第五二條）的威脅包括政治或經濟方面的壓力。當時非律賓代表團指出國際法委員會的草案對於許多國家，尤其是正在開發中的國家，最易遭受壓力的「經濟扼殺」（Economic strangulation）等措施，未加保障，是一缺點（註三九）。尼日利亞（Nigeria）代表團認爲委員會應研討殖民地獨立前與母國訂立之條約，這種條約往往是母國給予獨立的條件，顯然是在某種形式的脅迫下訂立，應屬無效（註四〇）。捷克代表團則認爲該條及第三七條（此條規定「條約如與不得違背、且於以後非有同等性質之一般國際法規律不得更改之一般國際法絕對規律牴觸，卽屬無效。」）宣告不平等條約無效（註四一）。

一九六八年聯合國召開的第一屆條約法公約會議時，又有國家提出這個問題，由於公約草案第三六條所指的威脅，意義不明，尤其是包括政治或經濟壓力的問題。因此，會議結果採納折衷的辦法，建議在公約上附一宣言譴責「任何國家行使違反主權平等與自由同意原則之任何形式的軍事、政治或經濟壓力或威脅，以迫使他國履行締結條約的行爲。」宣言並表示締約之時，國家應有完全的自由（註四二）。一九六九年聯合國召開的第二屆條約法會議正式通過公約，並且通過「禁止以軍事、政治或經濟强迫締結條約宣言」（Declaration on the Prohibition of Military, Political or Economic Coercion in the Conclusion of Treaties）附在會議的「蔵事議定書」中（註四三）。宣言的序言中說「深憾過去有時發生國家受他國所施各種形式之壓力而被迫締結條約之情事；亟欲保證今後關於條約之締結，任何國家均不施行任何形式之此種壓力」（註四四）。由序文中的文意來看，顯然這個宣言不適用於歷史上所遺留下來的「不平等條約」問題，這點很明顯地會引起許多過去被迫簽訂「不平等條約」國家的不滿。

五、結論

不平等條約的概念不是我國所新創的，我國廢除不平等條約時採取的手續與法律根據，以當時西方的國際法原則來衡量，並無不合之處，所以在基本上我認爲中西方關於不平等條約的看法，並沒有本質上的不同。由國際法最近發展的趨勢看來，「不平等條約」的制度將在國際法上消逝，但這並不表示將來不可能再有「不平等條約」出現，因爲國際法到現在爲止還是一種分權的法律，不但國際法院對各國沒有强制管轄權，即使聯合國對各國的違法行爲也沒法作有效制裁。在這種情形下，强國仍可以壓迫弱國締結「不平等條約」，如一九六八年秋季蘇聯佔領捷克後，强迫捷克簽約允許蘇聯駐軍，即爲一例。儘管如此，「不平等條約」制度在國際法上的消逝，仍是一件值得欣慰的事，這個現象表示國際法逐漸將它的基礎建立於正義之上。

註

註一　外交部白皮書第一四二號（民國五五年六月付印）。

註二　據作者所知，比較詳儘的只有Ingrid Detter, "The Problem of Unequal Treaties,"

International and Comparative Law Quarterly, Vol. 15, pp. 1069-1089 (1966). 此外，還有一篇短文討論法國與突尼斯之間的不平等條約，見 Anthony Lester, "Bizerta and the Unequal Treaty Theory," International and Comparative Law Quarterly, Vol. 11, pp. 847-855 (1962).

註 三 見 Hugo Grotius, De Jure Belli Ac Pacis (On the law of war and peace), translated from the text of 1646 edition by F. W. Kelsey, Washington, D.C., Carnegie Endowment for International Peace, 1925, VOl. II, pp. 394-397.

註 四 見 Samuel Pufendorf, De Jure Nature et Gentium (On the law of nature and nations), translated from the text of 1688 edition by C. H. and W. A. Oldfather, Washington, D. C. : Carnegie Endowment for International Peace, 1934, Vol. II, pp. 1331-1336.

註 五 見 Emmerich de Vattel, Le Droit des Gens, ou Principes de la Loi Naturelle, appliques a la Conduite et aux Affaires des Nations et des Souverains (The law of nations or the principles of natural law applied to the conduct and to the affairs of nations and of sovereigns), Washington, D.C. : Carnegie Endowment for International Peace, 1916, Vol. III, pp. 165-169.

註 六 見 Christian Wolff, Jus Gentium Methodo Scientifica Pertractatum (The law of nations treated according to a scientific method), translated from the text of 1764 edition by Joseph H. Drake, Washington, D.C.: Carnegie Endowment for International Peace, 1934, Vol. II, pp. 204-215.

註七　Henry Wheaton, Elements of International Law, 6th ed., Boston: Little, Brown and Company, 1855; Theodore D. Woolsey, Introdnction to the study of International Law, 3rd ed., New York: Charles Scribrer & Co.: 1871; Robert Phillimore, Commentaries Upon International Law, 2nd ed., London: Butterworth, 1871, 4 Vols.

註八　譯本分別訂名爲「萬國公法」，四卷，一八六四年北京崇實館出版；「公法便覽」，六卷，一八七七年北京同文館出版；「各國交涉公法論」，十六卷，一八九六年上海小倉山房出版。

註九　如見 H. W. Halleck, International Law, San Franscisco: H. H. Bancroft & Campany, 1861, p. 196.

註一〇　例如，奧本海（Oppenheim）、布賴利（Brierly）、海德（Hyde）、布利吉斯（Briggs）、范威克（Fenwick）、霍爾（Hall）、吉塞普（Jessup）、克爾生（Kelsen）、奧康耐爾（O'Connell）等氏的國際法論著中，均未提到不平等條約問題。

註一一　Hannis Taylor, A Treatise on International Public Law, Chicago: Callaghan & Company, 1901, p. 367.

註一二　例如，蘇俄政府於一九一八年一月十四日及一九一九年六月廿六日兩次照會波斯（伊朗），表示願意廢棄沙皇政府損害波斯人民權利的一切條約或協定。一九一九年七月廿五日及一九二〇年九月廿七日蘇俄政府二次發佈宣言，放棄在華特權。但蘇俄政府這種態度只是一時的外交策略，到一九二四年中俄正式談判時，蘇俄又曝露其眞面目，堅持繼承帝俄在我國東北中東鐵路的權利。

註一三 例如，一九二七年美國國際法學會第廿一屆年會中曾討論中國要求終止不平等條約的問題。討論經過見 Proceedings of the American Society of International Law, 21st Annual Meeting (April 28-30, 1927), pp. 82-100.

註一四 例如，見錢泰，「中國不平等條約之緣起及其廢除之經過」，民國五十年臺北國防研究院出版；包遵彭、吳相湘、李一定編「中國近代史論叢」第二輯第一冊「不平等條約與平等新約」，民國四七年臺北正中書局出版；Wesley R. Fishel, The End of Extraterritoriality in China, Berkeley & Los Angeles: University of California Press, 1952.

註一五 見「國父遺教建國大綱重要宣言」，中國國民黨中央宣傳部印行，頁一四四。

註一六 見上引書頁一五八。

註一七 見「中山全書」，第二冊，民國十六年五版上海大華書局出版，頁三一。

註一八 我國學者討論「不平等條約」問題時，指出西方早期學者曾有這個概念的，只有曾友豪氏，他的著作中指出發特爾將同盟條約分爲平等與不平等二種。見 Tseng Yu-hao, The Termination of Unequal Treaties in International Law, Shanghai: The Commercial

Press 1933, pp. 7–8 。但該書出版時，「不平等條約」一詞在我國早已廣泛使用。

註一九　Jan F. Triska and Robert M. Slusser, The Theory, Law, and Policy of Soviet Treaties, Stanford : Stanford University Press, 1962, p. 42.

註二〇　Tseng Yu-hao　上引註十八頁十二。

註二一　「中國不平等條約之廢除」，民國五六年臺北中央文物供應社出版，頁四五。

註二二　見民國四二年臺五版臺北正中書局出版，頁二二至三七。

註二三　見王世杰、胡慶育、上引註二一頁四五至七三；錢泰，上引註一四，頁四六至八三。

註二四　但「中國之命運」中對「最惠國條款」的弊害，也曾提及，例如見上引註二二頁十九至二十。王世杰、胡慶育，上引註二一頁六七，對最惠國條款的弊害，也曾提及。

註二五　中日和約第四條。外交部編，「中外條約輯編」，民國四七年臺北商務印書館出版，頁二四九。

註二六　引自吳昆吾，「條約論」，國難後第一版，民國廿二年上海商務印書館出版，頁一七〇至一七一。

註二七　L. Oppenheim, International Law, 4th edition by Arnold D. McNair, London : Longmans, Green, 1928, Vol. I, pp. 747-748.

註二八　民國二十年五月十三日國民會議第五次大會通過的「廢除不平等條約宣言」中，曾引用「情勢變遷原則」及國際聯盟約第十九條建議修改不適用的條約二點，支持我國片面廢約根據。

註二九　見王鐵崖，「新約內容之一般分析」，民國卅二年四月卅日「世界政治」新約專號，載包遵彭等，上引註一四，頁三一〇至三一一。

註三〇　見　蔣主席民國三四年八月廿四日在最高國防會議與國民黨中央執行委員會聯席會議演講，Chinese Ministry of Information ed., The Collected Wartime Messages of Generalissimo Chiang Kai-shek 1937-1945, New York: The John Day Company, 1946, Vol. II. p. 859.

註三一　雅爾達協定中規定「大連商業港須國際化，蘇聯在該港的優越權益須予保證，蘇聯之租用旅順港爲海軍基地須予恢復」。又規定中東鐵路須由中蘇合營。並保證蘇聯的優越權益（按在僞滿州國時代，蘇聯不顧我國抗議，已將中東鐵路賣給僞滿）。

註三二　談判時蘇聯的蠻橫態度見蔣經國，「負重致遠」，民國五二年臺北幼獅書店出版，頁六三—七〇。Tang Tsou, America's Failure in China 1941-50, Chicago: University of Chicago Press, 1963, pp. 270-287.

註三三　聯合國大會決議第五〇五號（一九五二年二月一日）確認蘇聯未曾履行中蘇條約。一九六七年八月一日蘇聯紅星報自供蘇聯在抗戰勝利後供給中共三七〇〇件大砲、迫擊砲及擲彈筒，六〇〇輛坦克，八六一架飛機，一二〇〇架重機槍，六八〇棧房物質及其他船舶等。

註三四　「立法院公報」第三六會期第八期，民國五五年一月十四日出版，頁六一。

註三五　同上第九期，民國五五年二月八日出版，頁二六及四六。

註三六　L. Oppenheim, International Law, 8th edition by H. Lauterpacht, London: Longman, Green, 1955, Vol. I, p. 892.

註三七　載 International Legal Materials, Vol. VIII, No. 4, July, 1969, p. 698.

註三八　F.I.Kozhevnikov(ed.), International Law, Moscow: Foreign Languages Publishing House, 1961, p. 248.

註三九　Yearbook of the United Nations International Law Commission 1966 U.N. Doc. A/CN.4/Ser. A/Add. 1), Vol. II, p. 18.

註四〇　同上。

註四一　上引 p. 15 其他國家意見，見上引 pp. 15-20。

註四二　UN Monthly Chronicle, Vol. V, No. 6, June 1968, pp, 109-110.

註四三　International Legal Materials, 上引註三七 p. 733.

註四四　英文原文爲.. "Deploring the facts that in the past States have sometimes been forced to Conclude treaties under pressure exerted in various forms by other States; Desiring to ensure that in the future no such pressure will be exerted in any (form by any State in connexion with the conclusion of treaty,".

（原載「政大法學評論」，第一期，民國五十八年十二月）

玖、西沙南沙群島的領土主權問題的分析

一、前　言

最近由於越南（南越）與菲律賓對我國南海西沙、南沙二大群島提出主權要求，引起海內外國人對這二個群島的領土主權問題紛紛表示關切，在民國六十三年（一九七四）一月下旬中共部隊又與南越部隊在西沙地區發生武裝衝突，更使世界上的人士注意到這個地區的狀況。本文的目的在對這個問題，分別自南越、菲律賓及我國的論據，分析討論，以了解其領土主權的歸屬問題。在討論到本題之前，先對此二群島的地理狀況作一簡單介紹。

自台灣海峽至廣東省的我國沿海向海中延伸的大陸礁層大致在離岸一百公里左右到達水深二百公尺，到海南島南端礁層漸短不到五十公里，然後向南延伸到越南海岸，其中東京灣全部在水深二百公尺線內，但到越南中南部礁層又漸短。二百公尺線外海床突然下降到一千公尺然後向南海（英文中稱南中國海 South China Sea）中央更形加深達到四千公尺。在東部菲律賓群島西岸，礁層極短，水深立即到達一千公尺。在南海中東北部水深二百公尺及一千公尺線間有東沙島（ Pratas Reef ），海南島東南部有西沙群島（

Paracel Islands），其東南有全部在水面下的中沙群島，其南有南沙群島（Spratly Islands）。各群島均處於大洋之中與周圍各國本土均隔有深海，因此據有這些島嶼對主張各國本土的大陸礁層並無益處，但是這些島嶼本身可以有領海並且可以主張沿島的大陸礁層。在經濟利益方面，目前這些群島只能作漁業基地並有某些礦產（如鳥糞、磷酸礦），利益不大，不過在將來可以探勘其大陸礁層下的資源。在戰略上，則這些島嶼較為重要，自中東來中國日本的航線經馬六甲海峽（Strait of Malacca）北上到華南、台灣、日本、菲律賓、越南等都要經南海。

西沙南沙各島面積都很小，西沙群島中以永興島（Woody Island）與琛航島（Duncan Island）較大，前者面積一・八五一平方公里，後者〇・四三二平方公里。南沙群島中則以太平島（Itu Aba Island）和南威島（Spratly 或 Storm Island）較大，前者面積〇・四三二平方公里，後者〇・一四七平方公里（註一）。

二、越南論據

根據越南方面官方提出的文件（註二），在西沙方面，其主權根據如下：

(1)根據在 Tu-duc 王（一八四八－一八八三）統治期間出版的「大南越通志」（Dai-Nam Nhut Thong-Chiu，英譯為 Annals of Vietnam）所載，嘉隆王（Gia-long 一八〇二－一八二〇）曾組織黃沙公司（Houng-Sa Company），每年三月到西沙採集海產，在一八一六年合併西沙。

(2)一八三二年明命王（Minh-mang，一八二〇－一八四一）在西沙某島建塔紀念上述事蹟。

(3)一八三五年明王順化朝廷出版的「皇越地圖」（Hoang-Viet Dia-Du 英譯為 Geography of Viet-nam）中，將西沙列入。（註三）

(4)法國人 Monseigneur Taberd 所著的 History and Description of the Religion, Customs, and Morals of All Peoples 一書中，指出西沙為東圻支那（Cochin china，以前越南某部名稱）所屬。J.B.Chaigneau（一七六九—一八二五）的 Memoires sun la Cochinchine 一書中，提到嘉隆王一八一六年合併西沙事。

(5)一八九五年 Bellona 船，一八九六年 Imezi Maru 船在西沙失事，華人竊取船上貨物時，中國海南地方官員否認西沙為中國管轄。（註四）

(6)一九三二年六月十五日法國駐越總督下令將西沙劃入 Thua Thien 省，一九三八年三月十日保大王確認此令。次年五月五日法國駐越總督再度確認西沙的行政範圍。

(7)一九三九年三月三十日日本合併西沙，劃歸台灣（註五），四月廿一日法國抗議。一九五一年九月七日舊金山日本和會時，越南代表提出聲明說明西沙南沙屬於越南，與會五十一國未表示異議。（註六）

(8)一九五六年到六四年間，越南海軍經常往西沙巡邏及登陸。

(9)一九六一年七月十三日越總統將西沙改劃入廣南省（Quang Nam），一九六九年十月廿一日又頒佈類似命令。

在南沙方面，越南的主要論據是一九三三年七月廿五日法國曾在政府公報上正式公告佔領南沙各島置於法國主權下，（註七）當時只有日本抗議（我國也曾抗議，詳後）。其後的發展與上述西沙部份(7)相同。一九五六年十月廿二日南越政府將南沙劃入福綏省（Phuoc Tuy），一九五八年三月廿日及一九五九年一月廿七日又發表類似命令。（註八）一九七三年九月南越內政部又下令將其編入福綏省。（註九）

三、中國論據

中國方面的論據是根據歷史記載，中國人長期使用，條約和國際法原則，主張對西沙及南沙群島的主權。由於篇幅所限，在歷史方面的記載，只有選擇一些較重要的來敍述。最早比較明確可靠關於西沙群島的記載是趙汝適著的「諸蕃志」，該書序言中作者自提爲南宋寶慶元年（公元一二二五年）寫成，作者曾任提擧福建路市舶（註十），該書在附錄「海南」中提到海南之「東則千里長沙，萬里石床，渺茫無際，天水一色。」（註十一）據西方漢學家 Friedrich Hiath W. W. Rockhill 研究，這二個地方是指今日的西沙群島。（註十二）

一二九二年元朝派史弼征爪哇，其軍隊曾通過「七洲洋萬里石塘」（註十三），其中七洲洋顯然是指西沙群島東部七島，而萬里石塘照其南征路線應是今日的南沙群島。到了明朝鄭和下西洋時，曾經航過石星石塘、萬生石塘嶼與石塘，並在一四二五年－一四三〇年所繪的「鄭和航海圖」中明白標出，據今人研究石星石塘應包括今日南沙的一部份，而後二者顯然是指西沙群島。（註十四）在古籍中對西沙南沙常有混淆之處，但到明中葉後已漸清楚二者位置，在黃衷（一四七四－一五五三）著的「海語」中，就明白指出「萬里長沙在萬里石塘東南」（註十五），恰與今日南沙西沙位置相當。到了清代，這二群島的位置就更清楚了，在陳倫炯著的「海國聞見錄」中（一七三〇年出版）附有「四海總圖」，西沙稱爲「七洲洋」

，南沙則稱為「石塘」（註十六）。到了清末西沙群島的名稱逐漸出現，而今之南沙群島則稱為團沙群島（注意，越南方面也聲稱今之南沙在越南古代也稱為團沙群島）。據作者所知，到民國廿三年（一九三四年）才有南沙群島名稱出現（註十七），一九四七年中華民國政府正式核定南沙群島的名稱。

到一九三〇年代初為止，中國人一直在西沙南沙活動，當作是自己的國土，並沒有國家提出異議。在一九〇七年前清廣東水師提督李準曾率兵艦三艘巡閱西沙各島，並在伏波島（Drummond Island，現稱晉卿島）刻石留念稱：「大清光緒三十三年廣東水師提督李準巡閱至此。」（註十八）巡閱歸來後又請准粵督批准將西沙各島重新命名。（註十九）一九二八年廣東省政府派海瑞號軍艦由中山大學組織調查團到西沙各島測量視察，並製圖公佈。（註二十）

在民國廿年（一九三一）時我國外有日本侵略，內有中共破壞統一的武裝叛亂，法國見有機可乘，在該年十二月四日突然向我駐法使館，面遞節略，對我國領土西沙群島提出荒謬主張，其中略稱：「七洲島（Iles Paracels，即西沙群島——作者註）向屬安南王國。據安南歷史所載，一八一六年嘉隆王正式管領該島，並樹立旗幟。一八三五年。明命王復遣人至該島建塔及石碑。一八九八年Bellona及Unoji Maru兩船沉沒，中國漁人竊售船身破銅，駐瓊州海口英領，向中國政府抗議，並請懲治罪犯。中國政府答稱，七洲島非中國領土不由中國管轄等語。但近來中國方面，對於安南在該島之主權，有所懷疑，并以該島為中國所轄領，因此本部應請貴國使館注意安南對七洲島之先有權，甚望貴國政府與法政府共同解決此項問題，希望以法律上之解釋見復」等語。

我外交部接法國節略後，詳予研究，於民國廿一年（一九三二）七月廿六日訓令我駐法使館向法政府抗議，對法國謬論一一駁覆如下：「查七洲島洋文名 Iles Paracels 華名西沙群島，………當東經一百一十度十三分至一百十二度四十七分，（似應擴充爲東經一百十二度五十四分，說見前。）………包括大小島嶼共廿餘座，………距瓊崖一百四十五海里，乃我國最南之疆土。又查一八八七年中法越南續議界務專條第三款所載：「廣東界務，現經兩國勘界大臣勘定，邊界之外，芒街以東，及東北一帶，所有商論未定之處，均歸中國管轄。至於海中各島，照兩國勘定大臣所畫紅線，向南接畫。此線正過茶古社東邊山頭，卽以該線爲界，該線以東海中各島歸中國，該線以西海中九頭山及各小島歸越南。」查安南與廣東交界之處，係以竹山地方爲起點，約在北緯二十一度三十分，東經一百零八度二分，安南海岸，且在竹山迤西，按照上述專條所載，由此遵海而南，無論如何接畫，西沙遠在該線之東，中間尙隔瓊崖大島，應歸何國，一覽便知。又該島各地，均係珊瑚沙質，衝積而成………無殖民之價値，歷來僅有瓊崖人在此採礦捕魚爲業，從未聞有安南人來此居留。安南各王，憑何特殊關係，來此樹碑建塔？法方摭拾安南一二遺史，牽强附會，據爲口實，殊不知百年前，安南係我藩屬，於宗主國之領土境內，私謀獨立佔據之行爲，常爲事理所必無。法方所稱樹碑建塔，究在何島？來文並未指明，其所謂先有權之缺乏有力證據，已屬不攻自破，況自民國十年以來，商人承墾該島，而經廣東省當局批准者，先後已達五次。（第一次十年十二月六日，第二次十二年四月七日，均由省署批准何瑞年承辦。第三次十八年七月十三日，協濟公司宋錫權承辦。第四次二十年四月三日西沙群島鳥糞磷礦國產田料公司嚴景枝承辦。第五次廿一年三月一日，中華國產田料公司蘇子江承辦。）案牘俱在，歷歷可考，法方不於十餘年前，提出異議，忽於此時表示懷疑，殊深訝異。查遠距大陸之島嶼，按照國際公法及慣例，以切實先佔爲取得領土主權之先決條件，換言之，何國人民，首先佔領與繼續不斷的居住其地，即爲何國之領土。瓊人散居西沙，築廬而居，置舟而漁，有悠久之歷史。………又宣統元年，關於西沙建設燈塔以保航行安全一案，成爲國際問題，嗣經海關轉據航業關係者之請求，呈請我政府建設燈塔，此乃追證較遠之事實。前年四月間，香港召集遠東觀象會議，安南觀象臺臺長法人勃魯遜（E. Bruzon）及上海徐家匯法國觀象主任勞積勛（L. Froc）亦皆與會，曾共同建議我國代表，在西沙建設觀象臺，是不特國際間早認西沙屬我領土，即法人自身，亦有同樣之表示。至所稱一八九八年沉沒輪船及英領抗議一節，是否屬實，本國政府無案可稽。總之遍查條約卷籍，西沙既經劃定爲我國領土之一部，事實上復爲華人久居之地，除條約明文具在，未由置辯外，揆諸國際公法先佔與時效之原則，其爲我國領土，他國不得主張，亦屬了無疑義」。（註二一）

我國駐法使館於民國廿一年（一九三二）九月廿九日將上述訓令各點向法國外交部提出照會，駁斥法國謬論（註二二）。法國到次年（一九三三）九月廿七日才正式答覆，其中強詞奪理略稱：「貴使館聲稱西沙群島爲………廣東省海疆之一部份；並承認該島距瓊崖百四十五海里。查貴國………同意採納三海里原則以劃領海，則該島不能認爲貴國領土。　貴館更以一八八七年中法越南續議界務專約第三款所載爲引證。惟該款意在劃清芒街區域之中越界線，西沙群島遠離芒街二百海里，超出該專條之履行範圍………東經一百零五度四十三分之線，即茶古之線，如不認作局部界線，而可延長至西沙群島適用，則不但越南多數島嶼，應爲貴國領土，即越南本陸之大部亦然，實屬不可能之事………一九〇九年〔按此指李準巡海一事〕貴國政府曾行公告中外占領該島。顯係一九〇九年前，貴國並無該島之領權；而一八一六年安南嘉隆王正式管領該島之舉，確載史卷。　貴館又據遠東觀象會議，提議〔貴國〕在該島樹塔案事實，證明該島

主權。敝國與會代表之唯一任務，爲在科學方面盡力，政治問題，無權過問……」（註二三）

法國照會對我國提出的安南曾屬我國宗主權一事，我國廣東省當局在該島行使主權之事等，均避不作答，另外又不敢再提沉沒輪船英領抗議一案，顯然此說根本毫無根據，可笑越南現還將此無稽之事，當作其主權根據之一。至於法國照會中其他理由，如稍加分析都不能成立：

(1)關於認爲西沙在海南（瓊崖）三浬外，所以不屬中國一點，完全是無理取鬧，我國照會中完全沒有主張因爲西沙位於我國海南島領海範圍而屬中國。

(2)法方主張一八八七年條約中劃界線不能適用到西沙群島一點，在條約解釋上完全不能成立。如果不能適用到西沙，法國在一八八七年訂約時爲何不在條約中說明，以法國國際法專家之多，這點還會忽略嗎？必須注意在一八六四年西方的國際法著作才有一本譯爲中文（註二四），一八八七年時國際法輸入中國才有廿多年，法國當時的國際法智識比淸廷不知高明多少倍，如果西沙群島當時已屬安南，法國訂約者還有可能忽略嗎？此外，法國另外聲稱如果此線不作局部解釋，越南本土也會劃歸中國一點，也是無理取鬧之舉，因條約中已明白說明只適用海中各島，越南本土當然不在內。

(3)談到一九〇九年李準巡海時中國始將西沙劃入版圖一點，也是法國强詞奪理之說，如果西沙群島原是安南領土爲何中國派員在其上升旗並公告中外占領時，法國或安南不來抗議，一直到廿多年後才來提出異議，這種異議在國際法上有效嗎？以法國國際法學的發達與專家之多想不至於連這點國際法的基本知識都沒有。

(4)最後談到遠東觀象會議法國代表的行動，更不是法方照會輕描淡寫所能解釋的，試問在國際會議中，一國代表竟然不知其本國領土範圍而建議他國來本國領土上建氣象台，有這種荒唐的事嗎？唯一合理的解釋是這塊領土根本不屬該國所以該國代表才有這種舉動。

對法國的謬論，我國外交部研究後，在民國廿三年（一九三四）三月廿日再度訓令駐法使館對其一一駁覆，其中略稱：「㈠法方以我國承認三海里原則而即斷定我國南部海疆應以瓊崖爲限，不知有何所依據？果如法外部所言，則法國在海外之殖民地，其距離法國本部有遠過於一百四十五海里者，若均視爲非法國領土，法國政府可以予以承認乎？法方提出三海里問題，似係對於我方去文第一節，爲故意之誤解。㈡查一八八七年中法越南續議界務專條第三條……對於海中島嶼之領土主權，尚有明確之規定……西沙群島，既在該紅線之東，按照條約，其主權應歸中國，自無疑義。至於法方所謂『如該線可以延長，不但越南多數島嶼，應爲貴國領土，即越南本陸之大部亦然』，實大誤會，蓋該款所指明明爲『海中各島』，斷無包括越南本陸地面在內之理也。㈢法方謂：「安南歷史曾載有嘉隆王朝於一八一六年正式占領該島，在中國一九〇九年占領之先。」查一八一六年安南尙隸屬中國，在勢在理，均無侵占中國領土之可能，且中國歷史及書籍中，亦均無該島曾爲屬國安南佔領之記載，是越史所載，殊屬失實。至一九〇九年李準之豎旗鳴砲，當係重定島名之一種紀念儀式，若夫該島之爲中國所佔有，已遠在漢代馬伏波（馬援）將軍征南之前，此證諸中國歷史，班班可考者。即以最近事實而論，凡商人之欲承墾該島者，均須經過廣東省當局之批准，此民國十年以來之一貫辦法，至今行之無間，益證該島之爲中國領土，中國政府始終握有管理實權……」。（註二五）

此照會送去後法國卽未再來文，其事遂寢。一九三七年七月七日起中國在蔣委員長領導下從事全面抗戰，抵抗日本侵略，在優勢日軍進逼下，國軍雖奮勇抵抗，但沿海地區多被日軍侵占，到一九三八年七月法國見有機可乘，竟然不再找尋法律藉口逕行占領我國西沙群島，我國政府雖然在國際上亟需法國支持，更需要經越南海防港口經滇越鐵路運入戰略物質到西南後方，仍然命駐法大使顧維鈞抗議法國的行動聲明西沙爲我國領土。（註二六）

*　*　*

當法國圖謀竊佔西沙群島之時，其對南沙各島也想一併竊佔，前在述及越南論據時已提到在一九三三年七月廿五日在其公報中宣佈南海九島（註二七），但法國人也承認其中二島「已住有中國漁民」。（註二八）中國政府在獲悉此事後，在同年八月四日由外交部照會法國駐華使館聲明，「中國政府在未經確實查明以前，對於法政府佔領之宣言，保留其權利。」（註二八a）其後中國政府又向法國抗議，略稱：「法方」既稱有瓊崖的中國人住於該群島以從事漁業，又謂當時島中住有華人，又謂其地有樹葉搭蓋之屋，有奉祀神人之像，又謂有由瓊州渡來的華人居住，每年有帆船載食品來島供華人食用。是九島者早有華人居住，並非無主之島，法人已代我證明矣。依照國際公法與慣例，凡新發現之島嶼，其住民係何國民，即證明其主權屬於何國，今該群島中全爲華人，其主權應屬於我，自無置辦之餘地矣！」（註二九）我國雖與法國交涉，但事久拖不決，到一九三九年日本將西沙南沙一併佔去改爲新南群島隸屬當時日人竊據的台灣高雄州高雄市。（註三〇）

*　*　*

民國三十四年（一九四五）八月日本向我國及其他同盟國投降，日軍退出西沙南沙兩群島，中國政府在民國卅五年（一九四六年）由內政部、國防部、海軍總司令及廣東省政府分派代表十三員，乘海軍太平、永興、中建、中業四艦前往接收，同年十一月廿八日接收西沙，十二月十二日由太平、中業二艦接收南沙，並在各島詳加測繪製圖，在西沙之永興島及南沙的太平島分別建立國碑並派兵駐守。二群島當然均由廣東省政府管轄，但到民國卅六年（一九四七年）三月十五日國民政府以處字第四四二號令准內政部所請「暫行交由海軍管理」。民國卅八年（一九四九年）四月一日，海南特別行政區成立，西沙南沙改隸海南，仍由海軍代管。民國卅六年（一九四七年）十二月一日內政部又正式核定東沙、西沙、南沙、中沙四大群島名稱，公告中外。民國卅九年（一九五〇年）五月共軍登陸海南，國軍撤退台灣，西沙南沙駐守國軍也一併撤走。

以上我國對西沙及南沙的各種主權行爲，當時均無國家提出異議。（註三一）

民國四十年（一九五一年）美國在舊金山召開對日和會，因受英國從中播弄，竟未邀請首先抗日並對擊敗日本侵略者貢獻最大的中華民國政府參加，當時曾引起海內外華人的嚴重抗議。後由美國安排日本與中華民國另大體根據金山和約締結雙邊和約，在中日談判和約之時，對於領土條款，日本認爲雙邊和約中只能將與中國有關的地區列入，因此日方草案只規定台灣澎湖的放棄，而未及西沙及南沙，我方代表胡慶育認爲西沙南沙爲我國領土怎能說與中國無關，且日本曾將此等地區劃入台灣轄區，堅持列入。（註三二）日方後終接受我方意見（註三三）。因此在一九五二年四月廿八日簽訂的中日和約第二條中，明文規定「日本國業已放棄對於台灣及澎湖群島以及南沙群島及西沙群島之一切權利、權利名義與要求。」（註三四）

自國軍撤守到民國四十五年（一九五六年）爲止，除南越在舊金山和會時發表的一個謬論外，並無其他國家對西沙南沙提出權利主張，但到一九五六年夏突有菲律賓狂人克洛馬（Toma Cloma　）宣稱在南海發現島嶼要建立所謂「自由邦」，其實就是想竊佔我國南沙群島。中華民國政府立卽向菲交涉並恢復在南沙太平島駐軍，其事遂寢。（註三五）此時，南越突然又對西沙南沙提出主張，中華民國政府立卽發表聲明嚴加駁斥，並對南越曾登陸南威島一事嚴重抗議。（註三六）自一九五六年以來中華民國海軍不時定期巡邏南沙各島，在民國五十二年（一九六三年）國防部、內政部、海軍總司令部會同巡視南沙群島之太平島、南威島等地，民國五十五年（一九六六年）海軍再度派艦於南子礁、北子礁、中葉島、南鑰島等地重建國碑，此外太平島上駐軍並不時派艇巡邏附近各島。另外在聯合國主持下由國際勘測南中國海計劃歷次會議中（一九六四、一九七〇），中華民國代表均一再聲明中國對南沙群島的主權，並無其他國家提出異議。（註三七）

中共自在一九五〇年五月佔領海南後，據目前已有資料判斷，並未注意經營西沙、南沙，不過也曾發表聲明重申對此二群島主權。一九五一年九月召開的舊金山對日和約會議，中共未被邀請，但在和會前中共外交部長周恩來在八月十五日發表聲明稱：「中華人民共和國在南威島和西沙群島不可侵犯的主權，不論美英對日和約草案有無規定及如何規定，均不受任何影響。」（註三八）中共聲明中只提到南威島而不及南沙群島全部一點，主要是中共外交部人員地理知識欠佳，因爲南威島英文名有二，一爲 Spratly 另一爲 Storm ，但南沙群島全部英文也稱 Spratly，美英和約草案中用的是 Spratly，中共譯員誤以爲僅指南威島，實際上是指南沙群島而言。一九五六年夏發生前述之菲律賓狂人克洛馬圖謀侵占南沙之時，中共僅由外交部發言人在同年五月廿九日發表聲明稱：「中國對於南沙群島的合法主權，絕不容許任何國家以任何藉口和採取任何方式加以侵占。」（註三九）此外並未採任何行動。

值得注意的是自一九五六年中華民國政府恢復在南沙太平島駐軍及在各島巡邏後，該地區漸趨平靜，但南越却不斷向西沙方面侵擾或侵占，想係探知中共並未在西沙駐軍所致，現據中共資料透露，列出較重大的二次侵擾或侵占事件如下：

(1)一九五七年三月七日人民日報報導稱：「我海南島瓊東縣青葛鄉第一生產合作一隻漁船，〔一九五七年〕一月廿五日在前往西沙群島的甘泉島取給淡水時，突然遭到非法侵占該島的南越吳庭艷軍隊的射擊，漁民符氣保被射傷。南越吳庭艷的軍隊並繼續非法侵占甘泉島附近的其他幾個島嶼如珊瑚島和金銀島……

……。」（註四〇）

(2)一九五九年二月廿二日南越海軍侵入西沙群島中的琛航島，劫走漁民八十二人，掠走漁船五隻和其他財物，並撕毀中共國旗（註四一）。三月廿六日又有南越砲艇侵入琛航島搶劫漁民。（註四一）

此外，美國飛機軍艦不時侵入西沙領空或領海，據一九六〇年五月十三日中共外交部發言人談話，到那時止中共共發了十九次嚴重警告抗議美國飛機侵犯西沙群島上空。（註四二）但美國仍繼續「侵犯」，例如在一九六三年中共對美國飛機侵入西沙領空發了九次嚴重警告（註四三）。到一九七一年中尼克森總統宣佈要訪問中共後，美機仍在西沙上空亂飛。美艦也在西沙海域亂闖（註四四）。中共在同年十二月廿五日發佈的最後一個警告（四百九十七次）也是針對美艦侵犯西沙海域（註四五）。其後未見中共再發警告，不知是否美機已不再侵犯或中共爲圖改善與美國關係即有侵犯也不再公佈。

一九五八年九月四日中共正在攻打金門期間突然發佈了「關於領海的聲明」，宣佈領海寬度爲十二海里，並稱「這項規定適用於中華人民共和國的一切領土，包括…西沙群島…南沙群島…」（註四五）這一聲明引起世界注意，英美二國且表示反對，前越南共和國雖一再强調其對西沙及南沙有「主權」，對此重要却未表示任何意見。

四、中越雙方論據分析與結論

中越雙方論據及有關重要事件均已分別說明，現將雙方論據分別分析於下，首先談到西沙群島。越南最早的權利主張是在一八一六年，在此以前中國早已發現並使用西沙群島，即使退一步說在一八一六年中國尚未完全合併該群島爲領土，依照國際法原則中國在當時至少有一種「原始性權利」（ inchoate title ），可以在相當期間內採取措施使此種權利變成「完全權利」，除非另有其他國家也對同一土地採取了最後與決定性的主權行爲，才能排斥「原始性權利」的變成「完全權利」（註四七）。法國(前越南的保護國)與越南是否曾採取這種行爲呢？從前述的中國論據有關部份來看，顯然沒有。在一九二〇年代時，法國駐越南代理總督自己承認：「根據多方報告，西沙群島應認爲中國之所有。」同一時期一法國船長自稱：「時至今日，安南與西沙群島可謂已一無關係，沿岸漁人或船主，無人前去，且已不知有此群島。」（註四八）

此外，中國自本世紀初以來一直在西沙行使主權行爲，法國到一九三〇年代才來提出異議，且其唯一根據是百餘年前的一件事，如果西沙屬越南，爲何在一八一六到一九三〇年一百多年間越南或其保護國法國未在該地行使主權，或對他國在該地行使主權不提出抗議。

日本在一九四五年八月投降後，在北緯十六度以北的越南地區由國軍受降，到次年三月始移交法國，法國在接收時並未對西沙、南沙提出主權要求（註四九）。而一九四六年底中國接收時，一九四七年重新核定各島名稱、及在一九五二年中日和約中予以規定等行使主權的行爲，越南與法國均未提抗議。至於越南在一九五一年九月在和會中的聲明，事前已有中共聲明，事後又有中華民國與日本和約中的規定，所以根本不能拘束中國；且越南聲明之後在一九五一年九月八日金山對日和約簽字時及次年六月十八日提存批准書時對西沙南沙二群島均未再提出主權聲明。（註五〇）一直到一九五六年後越南才重新表示對西沙南沙的主權要求，但這已是中國接收後十年之事了。並且在一九五〇年到一九五六年間中華民國國軍暫時撤守西沙、南沙時，越南爲何不乘機在此等「領土」駐軍，可見越南在這段期間根本不認爲西沙、南沙群島爲其領土，也未發表任何聲明保留其權利。

最後，越南與法國方面迄未對一八八七年中法越南界務專條第三款，爲何不能適用到西沙一點提出滿意的解釋。

* * *

在南沙群島方面，法國在一九三三年宣佈佔領之時，是假定該島是無主土地（res nullius），所以可依國際法上的先占原則（occupation），取得該地主權。問題是該地當時是無主土地嗎？這點我們必須了解，南沙各島雖早爲我國人所發現與使用，但到一九三三年時似還未正式收入版圖，（註五〇a）筆者查閱了不少當時的地圖，均未將南沙列入版圖，例如，民國十九年（一九三〇年）五月由武昌亞新地學社出版的「大中華民國分省圖」（精訂第三十一版），在廣東部份只列入東沙與西沙二群島。另外，著名的民國二十三年（一九三四）四月廿日由申報館出版的「中華民國新地圖」中，也未列入南沙群島。據作者查閱資料，似乎到一九四〇年代初我國地圖才將其列入，例如：民國三十年（一九四一）九月一日由上海新宇輿地學社編繪印行的「袖珍廣東分縣明細圖」（上海百新書店發行），就將團沙群島（南沙舊名）列入廣東省。

至於當時島上有我國人居住一點，是否足以爲法國先占的論據，在國際法上仍不無疑問。（註五一）據國際法學家奧康耐爾（O'Connell）的意見：「私人的行爲不足以構成先占，但要完成先占〔的條件〕却不能沒有私人的行爲。在〔英法海峽島〕（Minquiers and Ecrehos）一案中，國際法院認爲英國人在這些島嶼上『眞實與永久的定居』是顯示〔英國〕主權的一種行爲。該案中卡內洛（Carneiro）法官〔的個別意見中〕甚至認爲『屬於某個國家私人的出現〔在某地區〕可以顯示出該國的先占…當二個國家對邊界某塊土地都主張主權時，這種私人的行爲更形重要。』」（註五二）

另外國際法學家奧本海（L. Oppenheim）認爲，「只有不屬於任何國家的土地才可以作爲先占的對象，不管這塊土地是否有人居住，如海島，或僅有未認爲是一個國家的土人居住。」（註五三）由此看來對於一個已有屬於一國人民居住的土地是否可以行使先占，似不無疑問。

因此可知法國對於已有華人居住的南沙各島是否可以視爲國際法上的無主土地而實行先占，實不無疑問（註五四）。此外，如前所述，南沙各島早經中國人發現及使用，所以最穩健的看法是法國宣佈佔領之時，中國對該島嶼至少已有一種「原始性權利」，並非無主土地，除非法國宣佈占領之後，採取最後與決定性的主權行爲，才能排斥我國的權利，法國是否曾採取這種行爲呢？由前述中國論據來看，似乎大有疑問。

即使再退一步說，法國即使在一九三三年取得南沙各島主權，這種權利也在一九四五年後放棄，否則無從解釋爲何法國不在一九四六年中國接收時提出異議，這方面的一連串事實已詳前述的西沙部份，不再重覆。

最後，一八八七年中法條約所劃界線也適用於南沙群島因爲南沙也位在條約所劃界線之東，依約應屬中國。

＊　＊　＊

由於非律濱最近也對南沙群島主權提出謬論，因此其論據也有在此說明分析的必要。按非律濱的領土範圍在一八九八年美國與西班牙和約中明文規定於第三條，以經緯度標的清清楚楚（註五五），南沙各島遠在其領土範圍之外，與非律濱毫無關係。但最近非律濱提出一種謬論，說是一九五一年金山對日和約中僅規定日本放棄對西沙及南沙的一切權利，並沒有規定放棄給那個國家，因此南沙是「所有第二次大戰戰勝國託管之下」，應由這些國家或聯合國來共同決定其歸屬。（註五六）

這種謬論並不足爲奇，以往美日一些反華份子也曾提出類似謬論，企圖動搖我國對台澎的主權，早在本書中有所說明。

按日本放棄對南沙主權後，理論上該島就變成無主土地，則中國自可以依先占原則取得其主權，至於談到所謂「託管」更是荒唐，除了非律濱最近才提出謬論外，沒有國家支持這種謬論，而事實上也沒有國家來「託管」過南沙，該島一直在中華人民共和與中華民國，其中後者並在南沙最大的太平島駐軍，近日內政部長余政憲已到該島巡視。

由上述分析可知，在國際法上西沙南沙群島之為中國領土是毫無疑問之事。

註

註一：見鄭資約編，「南海諸島地理誌略」，上海，商務印書館，民國卅七年出版，頁三十、三十二、四十五、五十二－五十三。其中方公尺均換算成方公里。

註二：以下越南論據除另有說明外，均引自下列二個越南駐美大使館散發的二個文件：1 "The Vietnamese Islands of Paracels and Spratly (sic)," in Press and Information Office Release, Vols. 526 (March 16, 1959, Washington). 2. Embassy of the Republic of Vietnam Information Office, Fact Sheet, No. 2/74 (January 28, 1974, Washington).

註三：越方迄未公佈此一地圖，在美國東部各大圖書館中均未能查得此圖，但在越南統一後一九七九年間內的一個文件中有註明，Vietnam's Sovereignty Over the Hoang Sa And Truong Sa Archipelagoes (Hanoi: Ministry of Foreign Offairs, Socialist Republic of Vietnam, 1979) p. 25 中有說明。

註四：本案詳見後述之中國論據中。

註　五：日本「台灣總督府令第三十一號」，昭和十四年（一九三九）三月三十日，其中將「新南群島」（Shinnan Gunto，日本人將西沙南沙合併改稱此名）編入高雄州高雄市管轄區域中。見「官報」，第三六八三號，昭和十四年四月十八日，頁七二〇。其經過見，「新南群島編入」，載「外交時報」，第九十卷第三號（昭和十四年（一九三九）五月一日出版，總第八二六號），頁二〇七－二〇九。

註　六：聲明甚簡單，僅稱：「We affirm our right to the Spratly and Paracel Islands, which have always belonged to Vietnam中華民國與中共均未被邀參加和會，詳後。

註　七：公告原文見Journal Officiel de la Republique Francaise, Vol, 65, No. 172 (July 25, 1933), p. 7794.

註　八：見 Fact Sheet, 前引註二，頁四。

註　九：見中央社一九七三年九月廿四日西貢電，南越的文件中未提此令。

註一〇：參閱方豪，「中西交通史」(二)，台北：聯合出版中心總經售，民國五十七年七月四版，頁五十六。

註一一：引自台灣銀行經濟研究室編輯本，台北：中華書局民國五十九年出版，頁五十七。

註一二：見其英譯註之趙汝適CHAU JU-KUA: His Work on the Chinese and Arab Trade in the twelfth and thirteenth Centuries, entitled Chu-fan-chi", St.Petersburg: Printing Office of the Imperial Academy of Sciences, 1911 所附地圖。趙氏所著「諸蕃志」簡介見方豪，「中西交通史」(二)，台北：民國五十七年四版，聯合出版中心，頁五十六。

註一三：「元史」，卷一六二，頁六（乾隆四年校刊，光緒戊子季春上海圖書集成印書局校印。

註一四：圖刊於茅元儀輯，「武備志」，卷二四〇，頁一—廿四（一六二一年出版）。全圖影印於周鈺森，「鄭和航路考」，台北：海運出版社民國四十八年出版，頁三—四十八。此書對鄭和航路所經各地均詳加考證，並註經緯度，據周氏研究石星石塘的位置「應尙包括今之南沙群群島。」見該書頁二四六。但香港「明報月刊」所載葉漢明、吳瑞卿，「從歷史載記及輿圖看南海諸島的主權歸屬問題」一文中，認爲石星石塘是指東沙群島，見該刊九卷五期（一九七四年五月號），頁九。

註一五：卷下，頁二（周心如編紛欣閣叢書刊本）。

註一六：卷廿七（張潮輯昭代叢書第五十五册，民國八年沈鏞堂再補刊重印本）。

註一七：見胡煥庸，「法日覬覦之南海諸島」，載「外交評論」，第三卷第五期（一九三四年五月），頁七二後所刊之圖。

註一八：見「李準巡海記」，載「國聞周報」，第十卷，第三十三期（民國廿年八月廿一日出版）。最近香港「七十年代」雜誌刊有一幅所謂李準巡海的石碑照片，但其中只有「視察紀念，大清光緒二十八年」幾字。見齊辛，「南海諸島的主權與西沙群島之戰」，載該刊一九七四年三月號（總五十號），頁三十九。按光緒廿八年合公元一九〇二年，所以二者之中必有一誤，此事仍待研究。

註一九：見「西沙群島交涉及法占九島事」，載「外交部公報」，第六卷第三號（民國廿二年七至九月），頁二〇八。

註二〇：見沈鵬飛編，「調查西沙群島報告書」，（無出版日期及地點，序文說明爲民國十七年六月寫成。

註二一：「外交部公報」，前引註一九，頁二〇九—二一〇。

註二二及二三：可靠方面消息。

註二四：美傳教士丁韙良（W.A.P. Martin）在一八六四年將 Henry Wheaton 所著 Elements of International Law 譯成中文題名爲「萬國公法」在同治三年由北京同文館出版。關於國際法輸入中國經過，請參閱丘宏達主編，「現代國際法」，台北：三民書局，民國八十四年出版，頁四八—五二及其中所引資料。

註二五及二六：可靠方面消息。

註二七：見前引註七。

註二八：見徐公肅，「法國佔領九小島事件」，載「外交評論」，二卷九期（民國廿二年九月），頁二〇—廿一所引外電消息。

註二八a：見「外交部公報」，前引註一九，頁二一九。

註二九：鄭資約，前引註一，頁八十。鄭氏未提抗議日期，在其他書籍中均未能查得資料。

註三〇：見前引註五。

註三一：見「中華民國南海四大群島節略」，載「聯合報」，航空版，一九七四年二月廿五日。

註三二：見民國四十一年三月五日中日和約談判記錄，載「中華民國對日和約」（中日外交史料叢編(九)），編纂及發行者，台北：中華民國外交問題研究會，民國五十五年編印，頁五二－五三。

註三三：見同年三月廿八日日本提出之第三次約稿，載註三二所引書，頁一九〇。

註三四：約文刋於 United Nations Treaty Series, Vol. 138, p. 38以下。

註三五：見「中央日報」，民國四十五年五月卅一日，頁一；六月六日，頁一；六月九日，頁一；六月十六日，頁一；七月五日，頁一；"Chinese Ships Land Unit on Taiping Island," in Free China Weekly, No. NN-LVI-29 (New York, July 17, 1956), p. 2.

註三六見「中央日報」，民國四十五年六月十日，頁一； "Vietnamese Claim of Sovereignty Refuted," Free China Weekly, No. NN-LVI-26 (June 26, 1956), pp. 3-4; "Infringement of Nansha Islands Protested," id., No NN-LVI-36 (September 4, 1956), p. 4.

註三七：見註三一所引資料。

註三八：「中華人民共和國對外關係文件集」，第二集（一九五一－一九五三），北京：世界知識出版社，一九五八年出版，頁三十二。

註三九：同上，第四集（一九五六－一九五七），頁六一。

註四〇：另見新華社一九五七年三月六日自北京發出之英文消息。

註四一：見「中華人民共和國對外關係文件集」，前引註三八，第六集（一九五九），一九六一出版，頁二七—二八及三七—三八。

註四二：同上，第七集（一九六〇），一九六二出版，頁一五四。

註四三：見「一九六三年人民日報索引」，一九六五年出版，頁二八八—二八九。

註四四：一九七一年九月廿六日中共新華社報導對美發佈四九六次警告，抗議美機飛入西沙永興島上空。

註四五：同日新華社消息。

註四六：「中華人民共和國對外關係文件集」，前引註三八，第五集（一九五八），頁一六二。

註四七：D. P. O'Connell, International Law, 2nd ed. Vol. 1, London: Stevens, 1970, p. 416.

註四八：Olivier A. Saix, "Iles Paracels," *Terre Air Mer, La Geographie,* Vol. 50, Nos 5 and 6 (November-December, 1933), pp. 240, 241.：譯文引自胡煥庸譯「法人謀奪西沙群島」，載「外交評論」，三卷四期（民國廿三年四月），頁九七及九八。

註四九：見民國卅五年（一九四六）二月廿八日簽訂的「中法關於中國駐越北軍隊由法國軍隊接防的換文」，載外交部編，「中外條約輯編」（中華民國十六年至四十六年），台北：商務印書館，民國四十七年出版，頁一五〇—一五二。

註五〇：見United Nations Treaty Series, Vol. 138, p. 48 以下所載約文。

註五〇a：據說一八八三年德國企圖測量南沙各島，但因清政府抗議才停止。見拙民，「南海九島問題之中、法、日三角關係」，載「外交月報」，三卷三期（民國廿二年九月十五日），頁八二。此事如果屬實，當爲我國對該島已收爲領土重要證據之一，但此事是否屬實無從考證。

一九七五年四月三十日北越佔據南越後，在一九八八年五月十二日中共外交部發佈下列備忘錄說明其對西南沙的立場：

最近，越南（指統一後的越南）當局接二連三地發表外交部聲明及其它官方文件，一再聲稱中國的西沙群島和南沙群島是越南的「領土」，硬說中國在一九八七年以前從未在南沙存在過，攻擊中國不願和平解決爭端等等，並極力爲其在西沙群島、南沙群島歸屬問題上出爾反爾的立場辯解。然而，歷史事實不能僞造，國際法原則不容踐踏。越南當局隨心所欲拼湊的「材料」和對中國進行的種種誣蔑攻擊，絲毫改變不了中國對西沙群島、南沙群島無可爭辯的主權。

西沙群島和南沙群島自古以來就是中國的領土，這不僅有古今中外的大量史料、文件、地圖和文物可作證明，而且也爲世界上許多國家和廣泛國際輿論所承認。中國外交部一九八〇年一月三十日發表的文件已對此作了全面的、具有充分說服力的闡述。早在公元前二世紀的漢武帝時代，中國人民就先後發現了西沙群島和南沙群島，並陸續來到這兩個群島，辛勤開發和經營。唐、宋以後，中國人民就已經在西沙群島和南沙群島生活和從事捕撈等生產活動，當時的中國海軍也進行過相應的巡海活動。宋、元時代，中國已將這些島嶼命名爲千里長沙和萬里石塘。明、清時代，中國政府已明確將西沙群島和南沙群島劃歸廣東省瓊州府（

今海南省）管轄。

在本世紀三、四十年代，西沙群島和南沙群島曾一度爲外國強烈所侵占，但侵略不能產生主權，這是國際法的一條基本準則。一九四五年日本投降後，當時的中國政府於一九四六年十一月、十二月先後指派高級官員分赴西沙群島和南沙群島接收，在島上舉行了接收儀式，並立碑紀念，派兵駐守。日本政府也於一九五二年正式表示「放棄對臺灣、澎湖列島以及南沙群島、西沙群島之一切權利、權利名義與要求」從而將西沙群島和南沙群島正式交還給中國方面。中國在抗日戰爭勝利以後收復西沙群島和南沙群島，世界上沒有任何國家提出過任何異議。直到今天，南沙群島中最大的太平島仍一直由中國臺灣方面的目的，從未向越方提出過任何要求和條件。稍有國際常識的人都知道，對任何一個國家來說，領土主權都是神聖不可侵犯的，不可能拿來做「交易」。更何況一九五六年和一九五八年越南方面向中國方面確認西沙群島和南沙群島屬於中國領土的時候，在越南還根本沒有發生什麼抗美戰爭。越南當局在西沙群島和南沙群島問題上所採取的不顧事實、背信棄義的態度，只能使人們進一步看清它爲了實現領土擴張野心，已經到了何等不擇手段的地步。

中國一貫主張和平解決國與國之間的爭端，在南沙問題上也是如此。正是本著這種精神，中國主張將南沙群島問題暫時擱置一下，將來商量解決。對於越南，就在它剛剛開始對中國西沙群島和南沙群島提出領土要求的時候，一九七五年九月中國領導人鄧小平向正在中國訪問的越南領導人黎笋指出，中國方面有充分的材料證明西沙群島和南沙群島自古以來就屬於中國領土，但本著通過友好協商解決分歧的原則，表示「以後可以商談」。令人遺憾的是，越南當局野心膨脹，把中國方面的善意視作軟弱可欺，在此後十幾年時間裡，有恃無恐地派兵侵占中國南沙群島島礁，並在上面修築各種軍事設施，企圖造成既成事實，長期霸占。特別是今年以來，越南當局進一步加快了搶占南沙島礁的步伐，先後又侵占了中國的九個海礁。同時，越南還不斷向南沙海域增派艦船，對中方的科學考察活動進行騷擾，並蓄意挑起了三月十四日的武裝衝突事件。上述事實充分說明，多年來一直在中國南沙群島訴諸武力、非法侵占別國領土，製造緊張局勢的，不是別人，恰恰正是越南當局自己。

中國一貫奉行和平友好的外交政策，主張在和平共處五項原則基礎上發展同各國的友好合作關係。中國政府嚴正要求越南當局徹底改變窮兵黷武的侵略擴張政策，停止一切侵占中國領土和製造緊張局勢的活動，趕快從非法侵占的中國南沙群島島礁撤走，以恢復本地區的和平與穩定。（註五七）

註五一：參閱當時我國學者陸東亞意見，見其著「西沙群島應有之認識」，載「外交評論」，二卷十期（民國廿二年十月），頁七三。

註五二：O'Connell, *supra*, note 47, p. 418.

註五三：見其著*International Law*, Vol. I, 8th ed, by H. Lauterpacht, London: Longmans, Green, 1955, p. 555.

註五四：參閱當時我國學者意見，見徐公肅，前引註二八，頁廿一；凌純聲，「法佔南海九小島之地理」，載「方志月刊」，七卷四期（民國廿三年四月1日，張其昀編輯），頁四。

註五五：Treaty of Peace Between the United States of America and the Kingdom of Spain, Paris, December 10, 1898, in United States Foreign Relations, 1898, Washington" Government Printing Office, 1901, pp. 832-833.

註五六：見"Situation in Spratlys Being Watched 'with Interest'," Foreign Broadcasting Information Service, IV, February 4, 1974, p. 91.

註五七：中華人民共和國外交部關於西沙群島、南沙群島問題的備忘錄（一九八八年五月十二日）中華人民共和國國務院公報一九八八年六月十一日第十二號，頁三九六—三九七。

參考書目

除了文中註解裏引用的著作外，下列幾書對研究與我國領土有關的國際法問題，頗有參考價值，特別是俞寬賜之書，特列舉於下：

1. 俞寬賜，「南海諸島領土爭端之經緯與法理—兼論東海釣魚台列嶼之主權問題」，台北：國立編譯館主編與出版，聯教圖書出版股份有限公司總經銷，二〇〇〇年出版。
2. 中國國民黨中央委員會第四組編印，「釣魚臺列嶼問題資料彙編」，臺北：民國六十一年四月出版。
3. 「臺灣地位不容置喙」，臺北：海外出版社印行，民國六十年五月出版。
4. 丘宏達主編，陳治世、陳長文、俞寬賜、王人傑等合著，「現代國際法」，臺北：三民書局，民國六十二年十一月出版。
5. 丘宏達編輯，「現代國際法」（參考文件），臺北：三民書局，民國六十一年五月出版。
6. 包遵彭、李定一、吳相湘編纂，「中國近代史論叢」，第一輯第十冊——俄帝之侵略，臺北：正中書局，民國五十九年四月臺四版。第二輯第一冊——不平等條約與平等新約（民國五十六年五月臺二版）。第七冊——邊疆（民國五十八年八月臺初版）。
7. 王世杰、胡慶育著，「中國不平等條約之廢除」，臺北：中央文物供應社總經銷，民國五十六年十月三十日出版。
8. 宋漱石著，「琉球歸屬問題」，臺北：中央文物供應社，民國四十三年四月出版。
9. 梁敬錞著，「開羅會議」，臺北：臺灣商務印書館，民國六十二年三月出版。

10. 張士丞著，「我國對臺澎之主權的法理依據」，臺北：中央文物供應社，民國六十年六月再版。
11. 張群、黃少谷著，「蔣總統爲自由正義與和平而奮鬥述略」，臺北：中央文物供應社總經銷，民國五十七年十月三十一日出版。
12. 「國家建設叢刊」，第二册，「內政與邊政」，第三册，「外交與僑務」，臺北：正中書局總經銷，民國六十年十月十日出版。
13. 黃剛著，「中華民國的領海及其相關制度」，臺北：臺灣商務印書館，民國六十二年出版。
14. 黃剛著，「中華民國與大陸礁層制度」，載「人與社會」，第一卷第三期，民國六十二年八月出版，頁四七－五八。
15. 程發軔著，「中俄國界圖考」，臺北：蒙藏委員會，民國五十八年九月初版。
16. 趙中孚著，「清季中俄東三省界務交涉」，臺北：中央研究院近代史研究所，民國五十九年三月初版。
17. 楊國棟著，「中華民國條約與協定的批准制度」，臺北：臺灣商務印書館，民國六十三年出版。

關於中國領土的國際法問題論集 ／ 丘宏達著. --
修訂版. -- 臺北市 ： 臺灣商務, 2004[
民 93]　面：　公分.
參考書目：面
含索引
ISBN 957-05-1921-5（平裝）

1. 國際法 － 論文, 講詞等　2. 領土 － 論文, 講詞等

579.1307　93017464

關於中國領土的國際法問題論集（修訂本）

定價新臺幣 300 元

著作者　丘宏達
責任編輯　劉佳茹
美術設計　吳郁婷
發行人　王學哲
出版者
印刷所　臺灣商務印書館股份有限公司
臺北市 10036 重慶南路 1 段 37 號
電話：(02)23116118 · 23115538
傳眞：(02)23710274 · 23701091
讀者服務專線：0800056196
E-mail：cptw@ms12.hinet.net
網址：www.commercialpress.com.tw
郵政劃撥：0000165 － 1 號
出版事業登記證：局版北市業字第 993 號

- 1975 年 4 月初版第一次印刷
- 2004 年 11 月修訂版第一次印刷

ISBN 957-05-1921-5（平裝）　70568001

「關於中國領土的國際法問題論集」

丘宏達著

索　引

七畫（低，克，杜）

八畫（波，金，宗，東，非，武，底，奄，征，帕，取）

九畫（宣，保，珍，皇，英，香）

十畫（原：格，馬，時，託，海，島）

十一畫（琉，釣，剩，情，國，第，陳）

十二畫（無，勞，等，曾，開，雅，割）

十三畫（奧，隔，禁，經）

十四畫（臺，領，管，維，趙）

十五畫（廢，摩，談，蔣，鄭，鄰）

十六畫（諸）

十七畫（聯）

十九畫（關）